STEAM Makers
Fostering Creativity and Innovation
in the Elementary Classroom

创客教育
在小学课堂培养创造力和创新能力

［美］杰西·马斯里克（Jacie Maslyk） 著
祝莉丽 孙若菡 译

中国人民大学出版社
·北京·

致杰西·马斯里克的《创客教育》

如果你的学校正想设立创客教育试点，却不知如何开始，那么这本《创客教育：在小学课堂培养创造力和创新能力》将助你快速进入角色。本书的内容令人惊奇，不仅是促进学生发展的行动指南，也是在现实生活中逐步实施创客教育的宝典。

此外，如果你与同行分享此书，那么作者的写作风格将让你感到正在与她促膝长谈，从而对这本书爱不释手。在此基础上，作者用大量的资料和多元的观点，助你在学校里或在课堂上实践STEAM（科学、技术、工程、艺术和数学）教育方法。这绝不是一本会被束之高阁的书。

读完这本《创客教育》以后，你会感到充满了能量，也希望学生有同样的感受。

杰森·汤普森
副校长
纽约州杰弗逊小学

如果教育者希望学生不仅能应对考试，还可以积极了解日新月异的经济变化，那么《创客教育》就是一本必读书。他们笃信STEAM非常重要，却不知道如何将其融入学校文化中。读完这本书，教育者会读懂学生的内心，即使最难教育的学生都能提升批判性思维能力并增强内动力，同时，以更好的方式提升家长和社区的参与度。

尼娜·奥雷利亚纳
MTSS首席协调员
佛罗里达州棕榈滩学院特许学校

本书为创客们提供了翔实的参考，有助于学校培养学生创新学习艺术的能力。

凯瑟琳·赫尔南德斯
"变废为宝"课程教师
密歇根州底特律公立学校

创客们将创造力与STEAM的创新性相结合，并将之推广至每间教室。本书可作为教育工作者的教科书和重要资料，可以帮助他们在教室、学校和学区内设计创造空间。

霍普·艾德琳
伯特利小学教师
南卡罗来纳州辛普森维尔

谨以此书献给我的母亲，感谢她赋予我创作灵感，并鼓励我跟随内心。

前　言

无论你出生在哪个年代，都有属于自己的儿时回忆。你可能玩过 Erector 装置、林肯积木（Lincoln Logs）、乐高（Legos）或科乐思（K'NEX），你也可能玩过魔法屏（Lite Brite）、玩具烤箱（Easy Bake Oven）或热缩片（Shrinky Dinks）。记得小时候，我曾在后院搭建堡垒，给娃娃缝毯子，在祖父的花园里种蔬菜。"孩子们总是会创造出各种东西：树屋、滑板、肥皂盒小汽车、娃娃的房子、堡垒和冰屋。"（Martinez & Stager，2013，p.29）这种学习很有趣！那些童年活动是连接科学、技术、工程、艺术和数学的一座桥梁。

哲学家和教育改革家约翰·杜威（John Dewey）主张学生积极参加与真实世界息息相关的跨学科项目，STEAM 的创造性正是杜威思想的具体体现。美国国内很多小学在探索把 STEAM 的创造性融入课程的模式。本书将介绍创意十足的学区进行的热火朝天的教学和学习案例。这些学校秉承创客运动与 STEAM 教育相结合的原则，为学生提供支持，助其提升能力，以创造更具生产力和可持续发展的全球文化。STEAM 创客们用创造性的学习方式，连接不同种类的学科，融合各种学习风格，很自然地吸引了青少年参与其中。

STEAM 在全国蓬勃发展，在匹兹堡尤为兴盛，有其独特的活力。在那里，专职和兼职的教育工作者正在共同努力，为儿童和青少年设计

独特的学习方法。匹兹堡曾经是一个著名的钢铁城镇，因拥有勤奋的蓝领工人而闻名。现在，作为文化中心，匹兹堡随处可见剧院、博物馆、画廊和创客空间。随着顶级高教机构和大型企业的兴起，匹兹堡有望成为前沿的学习型城市。萌芽基金（The Sprout Fund）的执行董事兼总裁凯西·刘易斯·朗（Cathy Lewis Long）表示，匹兹堡有其独特的"秘方"（personal communication，March 2015），能使该地区成为创新的热土。

2015 年，白宫要求匹兹堡推出一项"全力以赴"计划（Kalil，2015），努力满足该地区儿童设计、创造和制作所需的场地、工具、教师和项目等需求。自 2015 年 1 月初以来，公民领袖、基金会领导、教育工作者、博物馆领导者和研究人员等城市建设者一直致力于开发某些学习生态系统，以激励和培养青少年，使他们拥有丰富的创造力，在 STEAM 教育中脱颖而出。

在本书的创作过程中，我有幸与身处创新前沿的教育工作者交谈。通过互动活动、学校访问以及网络电话（Skype）等方式，我感受到了学校为未来做出的巨大努力。每次谈话都会引发大家在会议室、博物馆、图书馆和学校进行更多的对话和思考。每次与制造商、学校校长或主管的交流，都会让我结识创新者网络中的新的组织或个人。K-8 教室里优秀的教育工作者使我受益匪浅；机构中的主管、助理主管、创新总监以及学校校长也让我感慨良多；博物馆中的教育工作者、基金会领导、企业主管和高校工作者也致力于推进 STEAM，我在和他们的交流中也得到了提升。

在访问匹兹堡创新项目的主要赞助商嘉宝基金会（Grable Foundation）时，其执行董事格雷格·贝尔（Gregg Behr）将我们的共同目标总结为："我们要探索青少年教育的新途径，成为他们学习路上的启明星。"STEAM 不仅为青少年展示了多元化的学习路径，同时也为青少年自己设计学习路径创造了条件。

前言

在过去的 100 年里，学校一直保持着固有的模式，学生分年级上着传统的课程，并被以传统的方式评估。如果我们希望成为学生学习路上的"启明星"，就要考虑一些新的模式和方法。格雷格·贝尔曾建议"请一位生活中的老师为他们指明路径"。也许你就是一位创客教育老师，并带领着一群学生。那么，请考虑一下在 STEAM 之旅中能为他们做些什么。

致 谢

感谢为本书做出杰出贡献的克拉夫顿小学，没有其教研人员、工作人员、学生家长和社区人员的大力支持，本书不会成功出版。是我们的精诚合作，为学生们点亮了灯塔，铺就了通往创造和创新世界的坦途。

感谢"重塑学习网络"的全体人员，你们用行动诠释了群策群力的力量。同时，也感谢各位教育工作者对本书的关注和建议。

感谢家人和朋友一直以来的支持与鼓励。我的两个帅气的儿子，卡登和坦纳，感谢你们在我写作的日子里的耐心陪伴。最诚挚的谢意送给我的丈夫兼搭档，克里斯蒂安，感谢你对我的一贯支持，以及对教育工作的理解。

出版社致谢

科文出版社借此对下列审稿人表示感谢：

● 帕特丽夏·阿兰森博士：佛罗里达州德尔托纳，德尔托纳中学，教导主任；

● 霍普·艾德琳：南卡罗来纳州辛普森维尔，伯特利小学，教师；

● 里贾纳·布林克尔：加利福尼亚州利弗莫尔，格拉纳达高中，科学教师；

- 曼蒂·弗兰蒂：密歇根州缪尼辛，缪尼辛高中，教师；
- 兰迪·库克：密歇根州霍华德，三县高中，教师；
- 凯瑟琳·赫尔南德斯：密歇根州底特律，底特律公立学校，"变废为宝"课程教师；
- 简·洪恩：印第安纳州阿克伦，蒂珀卡努河谷中学，六年级科学教师；
- 杰森·汤普森：纽约州斯克内克塔迪，杰弗逊小学，副校长；
- 尼娜·奥雷利亚纳：佛罗里达州棕榈滩，棕榈滩学院特许学校，MTSS首席协调员；
- 芭芭拉·L. 汤森：威斯康星州埃尔克霍恩，西区小学，阅读专家。

引 言

在艾瑞克·申宁格（Eric Sheninger）的新作《数字领导力》[1] (2014) 一书中，他谈到目前教育体系存在断层。他倡导教育转型，将学校打造成释放学生创造力、开辟创新新路径的充满活力的学习场所。其中，开展融合科学、技术、工程和数学（STEM）各学习领域的创客教育就是重要途径之一。

对教育工作者而言，在对学生的教学实践中增加整合的创客教育内容是不小的压力（National Research Council，2011），但很少有教育工作者接受过与此相关的教学技能培训。预计未来 10 年中，美国对科学家和工程师的需求量会达到其他职业的 4 倍！

为使未来的领导者具备推动创新和经济增长的必要技能，学生不仅仅要学习阅读和写作，更要具备科学、技术、工程、艺术和数学知识。目前，学校、图书馆、社团和高等教育机构已察觉到这一趋势，并在课程设置中有了新的思考。

新类型课程有助于提高学生的 4 种技能：创造力、协作、沟通和批判性思维。这些通常被称为 21 世纪新技能，也正是青少年掌控未来的必备能力（鉴于 21 世纪已经过去了 15 年，我们也许应该给这些技能换个名字）。

我们不能孤立地学习各类科目，开启大学生活和进入职业生涯的先

决条件是懂得概念整合。创新并非科学家、程序员和工程师专有，它也属于艺术家、设计师和创造性问题解决者。为进一步增强创新性和创造力，我们把STEM变成了STEAM，增加的A代表艺术。

小学生向来充满好奇，乐于参加新奇的活动，为这个年龄段的孩子们进行STEAM教育是很明智的选择，可以为他们提供创新学习机会。STEAM教育的创造力体现在学校生活的点点滴滴中：有些学校在楼内重新设计了空间；有些学校改进了课程设计，把编程、机器人和数字媒体课程纳入其中。孩子们在校内外都可以参与真实的任务，如头脑风暴、设定目标、收集材料、画草图、质疑、构建和修复东西等。

希望本书能帮助读者了解STEAM教育的背景，同时为教学改革提供借鉴。为帮助读者了解实施STEAM教育的学校和组织，并从中找到灵感，我在书中列出了相关链接和资源；此外，还建立了www.STEAM-Makers.com网站，并在https://www.pinterest.com/jaciemaslyk/steam-makers网址上注册了拼趣网（Pinterest）账户，您可以由此访问其他资源。

在第一章中，我们将简要介绍STEM的历史，以及从STEM到STEAM的转变，同时，将探讨创客运动以及从事此类工作所需的心态，并将两者结合起来，形成某种被称为STEAM教育创造的综合学习模型。

《共同核心州立标准》和《下一代科学教育标准》的确定也将与STEAM教育创客模型保持一致。

在第二章中，我们将回顾STEAM教育创造性的改变，及其对学区、学校和课堂的影响。在研究已经在文化、课程和空间上发生变化的学校的基础上，重点关注创新型学校和组织。

第三章是关于"失败"这一重要主题的。培养思维习惯和改变思维习惯是学习者的必备技能。本章也将讨论利用徽章进行评估的方法。STEAM教育包罗万象，其创造力可以对各类学习者产生积极的影响。

本章将分享患有学习障碍、语言障碍和自闭症学生的范例,以及在STEAM教育中,某些学生STEAM创客的故事。

第四章将会探索STEAM与创造之间的联结。本章将重点介绍一所小学,它改变了课程设置,为小学生开发了一个专门的创客空间。我们将会分享学生的故事和教育工作者面临的挑战,以及学校开发的许多资源。

第五章将探讨"构建"的概念。学校和学区正致力于构建物理学习空间、新的项目和课程来满足学生的需求。学区领导者正在构建STEAM创客运动文化,以促进学生的设计思维发展。我们将分享成功学校的案例,如艾莉丝学校、伊丽莎白前进学区、科士奇中学和南费耶特学区等。

第六章将主要介绍创造STEAM创客网络的重要性。本章重点介绍匹兹堡的重塑学习的工作和该地区对学习生态系统的推动;同时介绍重塑学习网络中的创新组织的故事,以展示学习伙伴的重要性。我们提到了米尔韦尔社区图书馆、"集合"组织和阿勒格尼教育服务中心,分享了西自由大学艺术与教育中心和罗伯特·莫里斯大学的新思维,以期拓展高等教育网络。

第七章将提供一些工具,帮助打算开启STEAM创造旅程的人。我们将探讨如何提高学生的参与度,以及与本地专家合作的重要性。文中的工具能帮助读者专注于计划行动、获得资源,并争取到STEAM创造所需的保障资金。

目　录

第一章	学习	1
第二章	改变	27
第三章	失败	57
第四章	联结	79
第五章	构建	115
第六章	网络	141
第七章	开始	161
附录 A	STEAM 工作室徽章系统	175
附录 B	专业发展计划模板	179
附录 C	英语语言艺术扩展表	181
附录 D	STEAM 创造许可书	183
附录 E	创客空间物品清单	185
附录 F	STEAM 和创造相关网站	189
附录 G	学生反馈表	193
参考文献		195
索引		198

第一章
学　习

  生命不息，学习不止，无论你是 20 岁还是 80 岁。笔耕不辍，勤勉学习会让你永葆青春。

——亨利·福特

第一章 学习

如果有这样一所学校，学生可以自己打造教室设施、设计户外景观、发射火箭，甚至进行各种发明创造，那么你会喜欢吗？如果学校在学习空间里设计出舒适的活动空间，以促进课外学习，那么你会喜欢吗？如果学生可以利用在校时间学习自己感兴趣的知识，那么你会喜欢吗？目前，美国很多小学正在朝着这个方向发展！这是教育界的巨大变革，有望改变传统的教与学模式。这项改革基于杜威、蒙台梭利（Montessori）和皮亚杰（Piaget）的理论，即学校课堂应该鼓励创造性思维和动手实践能力，他们相信学习应该是主动的，应该由学生自主构建知识体系。

尽管在短期内，学校面临的责任压力不会消失，但是教育者们还是鼓励这种边做边学的学校文化。自20世纪初以来，以学生为中心的学习一直是教育实践的重要组成部分。奥巴马总统曾关注这一理念并强调，"希望我们想办法让更多的年轻人参与科学和工程学习，如举办科技节、机器人大赛和展会等，要鼓励人们进行创造、制作和发明，我们要成为创造者而不仅仅是消费者"（Schulman, 2013）。总统的建议已成为国内创新型学校发展的契机。公民应成为创造者而不是消费者的观念孕育了蓬勃发展的创客运动和STEAM教育。

发展伴随着阻力，尤其是学校一直面临着责任压力。在变革中，兴奋伴随着焦虑，挑战混合着迷茫。面对全新的内容和严格的评估标准，许多学校正在克服困难，努力开展STEAM教育。尽管STEAM教育有实验性、游戏性的特点，但它也包含着重要的学术内容。作为指导性的实践活动，STEAM教育孕育着无限可能性，将有助于儿童创造学习、设计学习、追求兴趣，并开展有意义的课外活动。

STEAM教育为孩子们提供了参与创新性、整合性与参与性学习的机会，这既富有挑战又充满乐趣。新思想为学校和社区的发展指明了新的方向。《美国新闻与世界报道》总结道："这一项目才刚刚开始！"(U. S. News & World Report, http://www.usnews.com/news/stem-solutions/articles/2014/02/13/gaining-steam-teaching-science-though-art)

2008年，一项题为"创新准备"的研究表明，越来越多的公司希望雇佣到富有创造力的员工，而不仅仅要求员工考试成绩优异。此项研究还表明，公司希望员工可以用头脑风暴解决问题，能创造性地协作并表达新的思想。不必等到21世纪，员工当下就必须掌握这些技能！同样，"会议委员会"、"工作家庭之声"、"21世纪技能合作伙伴"和"人力资源管理协会"合作汇编的一份题为《他们真的准备好步入职场了吗？》的报告指出："雇主们最认同的应用技能为专业技术、职业道德、口头和书面表达能力、团队合作、批判性思维和问题解决能力。"扪心自问，目前的教育实践是否能够为毕业生的未来奠定这样的基础？

STEM教育的历史

众所周知，人造卫星和太空竞赛是美国科学教育的转折点。《处于危险中的国家》(U. S. National Commission on Excellence in Education，1983）指出，有人将上述转折点与学生较差的科学和数学成绩联系起来。如今，在商业需求和经济的推动下，STEM教育已成为教育界的流行词语。

21世纪初，美国国家科学基金会（NSF）提出了STEM这一概念：秉承科学、技术、工程和数学相融合的学习理念进行的整体教学。在传统教学中，这些科目通常呈现为一个筒仓模型（见图1-1），各科目是相互独立的，学生无法感受到各科目之间的联系。

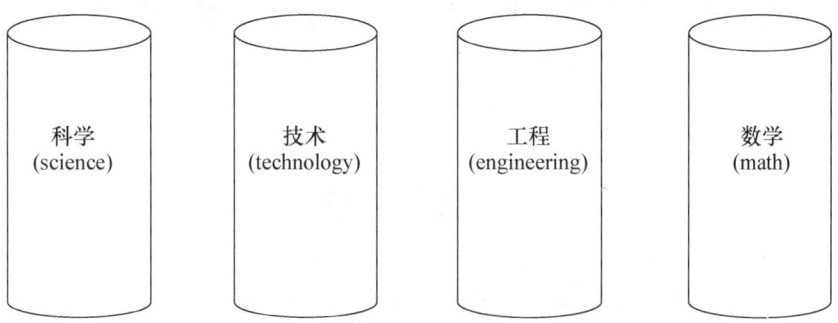

图1-1 筒仓模型

我的看法

整个中学时代，我的数学成绩都很差。每门与数学相关的课程都让我感到吃力。我恨代数二，好不容易考过了几何，却又忘记了三角函数。我记得曾茫然地盯着方程式和公式，疑惑地问自己："这些对我有什么用呢？"因为那时的数学课完全基于课本，我看不到它与其他科目有任何联系。老师们从来没有举过现实生活中的例子，布置作业时只会说："今晚，大家要做完与奇数相关的习题。"

科学课则截然不同。尽管我不一定喜欢解剖羊的心脏，但我

> 喜欢化学、天文学和地球科学。这些科目让我学会质疑、尝试，思考各种可能性，并像科学家一样去思考。老师曾把科学各科目联系起来，阐述它们对现实生活的意义。尽管这些课程很难，但是探索学习一直使我对它们兴趣盎然。
>
> 我曾想，若老师们能把这两种科目联系起来，我（和其他学生）是否会把数学学得更好？这种综合方法会不会更具现实意义？数学和科学的联系是否会使我们思考其他学科与世界的联系？虽然时光不能倒流，但我相信，如果八九十年代就有STEM教育，那么我的高中成绩会更好。

谁需要找工作？

综合性的 STEM 教育正在培养未来需要的员工。有的学校已经开办了 STEM 课程、课外社团和夏令营来培养学生的能力。还有的学校进行了部门调整和课程重组，甚至将自身定位为 STEM 教育重点学校。

在 STEM 教育新闻网（http://www.stemeducationnews.com）的主页上，你可以看到以下统计数据："到 2018 年，科学、技术、工程和数学领域将有 120 万个空缺职位，符合要求的人寥寥无几，许多职位将无人应聘。就业市场要求学生掌握 STEM 领域的相关知识。为使学生适应未来要求，STEM 教育正在飞速变革发展中。"

虽然有评论家认为 STEM 只是昙花一现，很快就会消失，但更多人认为它是学生应对未来全球化挑战的强有力工具。教育总是在不断变革发展的，STEM 教育的重要性一经确认，好的想法就会层出不穷。

在 STEM 中加入 A（艺术）

　　STEM 教育后出现不久，教育工作者就开始思考其最初的理念。源于对缩略语的痴迷，STEM 曾被改成 STEM-X、TEAMS、STEAM、STEAMIE 和 STREAM。在最近的一次会议上，某位同人提到有学校在用 HAMSTER 这个词，代表：人文、艺术、数学、科学、技术、工程和阅读。谢尔游戏公司（一家电子游戏设计公司）的首席执行官杰西·谢尔（Jesse Schell）警告说："如果你想让某种理念体现一切，那就等于一切皆空，因为没有重点。"（personal communication，January 27，2015）因此，我们要确保在学科领域之间建立起有意义的联系，为学生毕业以后做好准备。

　　亨里克森曾在《创客期刊》中写道，"STEAM 必须成为将创造性和艺术感融入教与学的标准范例"（Henriksen，2014，p.1）。STEAM 意义非凡，尤其在小学阶段，把艺术融入 STEM 教育能够提高学生的学习水平。艺术有助于开发学生的创造力、想象力和协作能力（Sousa & Pilecki，2013）。将艺术科目添加到 STEM 教育中，可提高学生的批判性思维能力、解决问题的能力和沟通水平。在增加了创造力和批判性思维以后，教与学开始从趋同思维转化为发散思维。但请注意，这给老师的工作增加了难度！培养发散思维意味着问题没有了标准答案，意味着我们不能局限于教师手册和参考答案，应该鼓励孩子们自己探索。

　　亨里克森（Henriksen，2014）还认为，把艺术科目加入 STEM 教育可以提高学生学习的积极性、参与性和有效性。加入 STEM 教育的 A（艺术）不仅仅是装饰性的附属品（Beckman，2010）。艺术应该是整个教育过程的重要组成部分，它包含绘画、雕塑、音乐、动作和视频等。马丁内兹（Sylvia Libow Martinez）和斯塔格（Gary

Stager），在《发明学习》（2013）一书中说道，"将艺术融入 STEAM，孩子们可以有更多的方式表达自己"。艺术开辟了许多创造性的学习途径。《从 STEM 到 STEAM》一书（Sousa & Pilecki，2013）分享了融合艺术的教育研究理论：

- 活跃大脑并开发认知能力。
- 强化长时记忆。
- 促进创造力。
- 缓解压力。

我们的目标是消除创造性科目（比如艺术、音乐）与传统科目（如科学和数学）之间的隔阂，使它们不再呈筒仓模型。将这些科目融合起来，可以帮助兼具创造思维和逻辑数学思维的人更好地学习。而将艺术融入其中对学生的创造力发展至关重要。通过多感官学习和动手实践，学生可以更好地在 STEM 课程中发挥自身特点。在将艺术融入课程之后，学习就变成了更加个性化的事情。学生既可以利用艺术化的创意和解决方案促进个性化学习，也可以将艺术注入科学，从不同的视角看问题。

左脑与右脑

你是左脑思维者还是右脑思维者？你的学生呢？左脑思维者在顺序思考和关键细节方面独具优势，他们擅长逻辑思维，善于分析，并以事实为依据。对于他们来说，采取传统的科学、技术、工程和数学学习方法是有效的。那些倾向于右脑思维的人则更具创造性，他们拥有非线性思维，可能会成为幻想家，他们是视觉动物和艺术动物。STEM 教育通常适用于左脑思维者，不适用于创造性和艺术性的人才。STEAM 则因艺术的加入，而为两种人都提供了学习的机会。毕竟，全面发展的学生应该均衡开发左右脑。在 STEAM 制定的课程中,学生可以制定策略并定义模式(左脑),并通过颜色和设计(右脑)在空间中表达想法。

教育工作者的心声

在最近的一次谷歌视频会议中,与会者畅谈了从 STEM 到 STEAM 的转变(https://www.youtube.com/watch?v=GpaolpSx-BZE&feature=youtu.be)。

来自美国东部各地的教育工作者谈到了 STEAM 的特点,作为公立或私立学校的教改先锋,他们肯定了对 A(艺术)的需求,并将其视作连接 STEM 中传统科目的桥梁。他们还强调了 K-12 教育中设计思维的重要性,建议与会者多与学生交流问题及解决方案,并设计创新解决方案。

此次视频会议主要围绕三个主题展开:
- 鼓励创造,倡导原创。
- 不惧失败,坚持不懈。
- 提出建议,接受反馈。

尽管议题是 STEAM 教育,但是教育工作者们经常不使用像 STEM 和 STEAM 这样的具体术语,而更多地谈论创造。两种术语的确有所重叠。并且他们认为开展此类教育工作非常艰难(无论将其称为 STEAM、创造、动手实践学习、项目型学习还是其他名字)。一位来自东北部私立学校的教师认为耐心和适应能力非常重要,她分享了学生在数学课上的活动,在上传统曲面细分课时,五六年级的学生用激光切割机自己制造曲面,然后再去教他们在上幼儿园或者一年级的弟弟妹妹。

学校高度评价 STEAM 教育,并对 A(艺术)赞誉有加。这种教育方式可以让各类学习者快速掌握学习内容,并将之与现实生活相

融合。A（艺术）是 STEAM 创造力的源泉，是学生参与度最高的科目，能让老师和学生会心一笑，寓教于乐。尽管某些教育者对此持有异议，尽管某些左脑思维的科研人员仍拒绝艺术科目的加入，但 STEM 和 STEAM 的确有着异曲同工之处，应该将二者有机结合起来。

杰姬·格斯坦（Jackie Gerstein）在她的博客"用户生成的教育"(https://usergeneratededucation.wordpress.com/2013/07/23/steam-and-maker-education-inclusive-engaging-self-differentiating) 中说："STEAM 教育是美丽的融合。"目前，学校正在课堂、图书馆、工作室和创客空间里实践着这种"美丽的融合"。STEAM 教育支持右脑思维，其中包括发挥想象力与承担风险，这正是创客运动的必备要素。

创客运动

无论是重建或翻新房屋、在易趣（Etsy）上卖自制商品，还是在拼趣网上找灵感动手制作，都是人们在进行创造。社会处于一个"自己动手"的时代，在科技的推动下，创客运动已经席卷全国，遍布各大城市、社区、学校和网络。"自己动手"理念的回归，推动了一系列变革，包括开办相关杂志，以及在学校图书馆和社区中心设立创客空间等，这一切让学校开始改革传统的教学模式。

2005 年，创客运动势头正猛，戴尔·多尔蒂（Dale Daugherty）创办了《创客》杂志（http://makezine.com）。这本杂志把不同专业人士联系在一起，为大家提供创造空间。2006 年，创客展览在旧金山举行，这是各城市手工达人、工匠和程序员一年一度的盛会。2014 年 1 月的《纽约客》杂志将创客展览称为"DIY 思想的盛会"。重视创造力的思潮让各类组织、基金会和社会团体在全球各地不断涌现。

创客教育计划（MEI，http://makered.org）旨在为创客提供机会，使其增强信心、提高创造力，激发其在科学、技术、工程、数学和艺术领域的兴趣。它的使命是为教育工作者提供资源，使他们能进行有意义的创造实践。它提升了组织内部能力，使年轻人在正式和非正式环境中都能进行创造。它也致力于帮助社区，让各类孩子和青少年都拥有创造的机会。创客运动结合 STEAM 教育，不仅推动了新思想的产生，也促进了学习者的手脑协调发展。

全国都在热议、探讨如何把 STEAM 的创造性融入日常教育工作中去。在办公室，在学校，在推特（Twitter）和其他社交媒体上，人们无时无刻不进行着探讨，也每时每刻都在推动着这一教育理念的发展（可在推特上搜索♯makered,♯makerspaces,♯makermovment,♯STEAM,♯edtech）。国内许多小学、初中和高中开辟了独特的空间发展 STEAM 教育，并为学习者提供发挥创造力的机会。社区的图书馆和文化中心随时欢迎艺术家、设计者和程序员开展动手实践活动，尽管这些活动仍在起步阶段。高等教育院校也开始关注 STEM 教育，并将相关课程纳入教师培训体系中。有些学校起步较早，已经在校园创建了"创客空间"。

创客空间是什么样子的？

让我们一起来看看！（空间）

尽管在何时何地都可以创造，但很多学校通过创建"创客空间"或"移动创意车"来促进这些实践。它们无处不在，如在房间、走廊或室外，对所有人开放。它们或大或小，有的简单，有的复杂。很多学校认为图书馆是个合适的改造场所。劳拉·弗莱明（Laura Fleming）的《制作世界：为学校建立创作空间的最佳实践》被选为科文教育工作者系列读物（Corwin Connected Educators Series），是了解创客空间的必

读书目。作为一名图书馆媒体专家,她将新泽西的新米尔福德高中(New Milford High School)图书馆改造成了互动空间,供学生使用。

STEAM 创客存储空间

12   填满它!(材料)

如果预算充足,那么你可以买下所有新款机器和小玩意。如果预算不足,那么你也可以白手起家。多数学校具备创客所需的基本材料,如电脑、桌椅、空箱子、纸张、剪刀和胶水。通过家长和社区的捐赠,可以很容易地添加一些较小的物件,如织物碎片、纽扣、针、线、旧杂志、纸板、塑料瓶和简单的手工工具(锤子、螺丝刀等)。如果有足够的资金,那么你还可以购买缝纫机、热熔胶枪、熨斗、烙铁、电池和小发动机。

详见附录 E 中的材料清单[同时请参见第二章埃文沃斯小学(Avonworth Elementary)组织家长和社区共同收集创客空间物资的方法]。

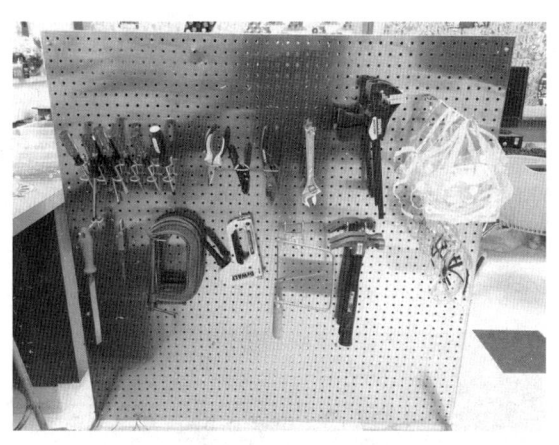

更多 STEAM 创客存储空间

管理它！（人）

管理创客空间是一件重要的工作，该由谁来承担这份工作呢？有的学校有条件指派专人负责管理创客空间或学习工作室，然而多数学校没有这种条件。从现有教师中培养专家是关键，但这并非一蹴而就的。提供专业发展是一种开始的方法（附录 B 展示了一所学校用于支持教师专业发展的年度计划）。

学习空间

另一种学习方式是发动家长和社区成员。也许当木匠的家长可以和学生谈谈安全生产，当地的建筑师可以在"午餐学习"时间和学生谈谈建筑师这份职业，一群会编织、懂缝纫的妈妈可以帮感兴趣的学生组织一个社团。利用家长资源不仅仅是培养专家的免费途径，更是促进项目快速发展的有益尝试。如果家长们重视这种形式的学习，那么将会使学校获益良多。

学习空间

STEAM 和创造非常重要的六个原因

1. 每个人各有所长。
2. 学生参与度较高。
3. 学习是具体且实践性强的多感官体验，可以满足不同学习者的需求。
4. 强调在实践中学习的过程，而不仅仅是结果。
5. 开放式的任务能引发更深层次的思考。
6. 学生（和教师）们学会不再害怕失败。

思维模式

开展 STEAM 教育确实需要具备一定的思维模式，而成长型思维模式一直是教育界热议的焦点。卡萝尔·德韦克（Carol Dweck，2006）把成长型思维模式定义为相信自己能够提高的能力。有的学生（和教师）有思维定式，在面临挑战时无法成长和学习。相信能力是可以培养和发展的，这一点在实施 STEAM 教育的学校中体现得尤为明显。2014 年，德韦克在 TED 演讲中强调了成长型思维模式的重要性，她认为一定要让学生相信自己能够变得更聪明。在课堂改革中，在将创造性融入课堂的实践中，我们一定要秉持这种"我能行"的态度。

推行 STEAM 教育，我们应具备的思维模式具有以下四个特点：

- 以人为本。
- 个性发展。
- 坚持不懈。
- 寓教于乐。

在 STEAM 教育和创客运动蓬勃发展的学校里，教师、校长、教导主任和其他学校领导都推行成长型思维模式。除了领导因素外，创客之间的共享和协作也是其发展的强劲动力。当青少年和成年人一起创作时，他们会分享专业知识并与他人产生联系。这种联系不仅在创客空间中面对面地发生，也发生在新近崛起的博客、推特等社交媒体中。

无论你属于哪种类型的学习者，极富创造性的 STEAM 教育都可以帮助你高效学习。个性化的课程设置让一切皆有可能，动手实践的原则让学习者成为学习的中心，在选择并设计学习内容的过程中，学习者的参与度和注意力都会得到提升。走进创客空间，随处可见自

己选择并设计学习内容的学生，这一切都以个人兴趣为导向。（在第四章中，我们将会介绍学生如何因个性化学习而改变个人兴趣。）传统的教学方式是教师在讲台上传授知识，但在个性化的学习中，教师会积极培养学生的兴趣，并鼓励他们自己设计学习内容。

你经常会认为你的学生很失败吗？也许以前没有人这么问过你！我们将会在第三章集中讨论"失败"的问题。但是要知道，坚持不懈、持之以恒是非常重要的品质。STEAM教育主张让学生通过询问和探索获取知识，而不是教师的直接讲授，而这种方法的实施需要时间，也需要努力。

以设计挑战为例。让学生利用某些建筑材料，根据既定标准，在规定时间内进行自主设计。设计过程要求学生设计一个方案——它有可能有效，也可能无效。这个方案可能被修改，也可能被彻底抛弃。学生可能需要对一个模型进行多次迭代，以达到设计标准。这个过程可能会令孩子们沮丧，尤其是那些需要得到即时满足和肯定的孩子。（你认识的孩子中多是这样的吧？）培养创客思维方式意味着教师要培养学生坚持不懈的品质，尤其是在面临挑战的时候。

最后一个特点是寓教于乐。STEAM学习和创造都是充满乐趣的。学习任务能够激发学生的兴趣并使其发挥创造力，不同材料和空间的运用也会使学习更加有趣。STEAM学习者们聚在一起，利用新式学习方法挑战原有的学习方式，是真正以学生为中心的、寓教于乐的学习形式。

在STEAM的创客课堂上，你永远不会听到这样的话

学生：
- "我为什么要学这些内容？"
- "我以后有机会用到这些吗？"
- "我一定要完成这项家庭作业吗？"

- "好无聊!"

教师:
- "我的学生没有参与进来。"
- "他没有注意听讲。"
- "那些学生一直表现不好。"
- "这个班的学生做什么都提不起兴趣!"

我并不是说 STEAM 教育会让所有教育问题迎刃而解,但很多传统的问题确实会消失。然而,新的问题也会出现。

学生:
- "我们能不能全天都做这个项目呢?"
- "我需要更多的材料来造火箭。"
- "乔尼不让我用烙铁!"
- "我不知道怎么在动画里添加声音。"

教师:
- "我的学生想知道怎么来____,而我需要相关培训。"
- "我需要场地以在社区中展示学生的项目。"
- "我们快要被可回收材料淹没了,急需更大的存储空间。"

这是以项目为导向的学习方式吗?

安德鲁·米勒(Andrew Miller)2014 年在《教育社会》上发表的文章称 STEAM 和创造"与以项目为导向的学习天生一对"(http://www.edutopia.org/blog/pbl-and-steam-natural-fit-andrew-miller)。

所有这些类型的学习都强调过程而不仅仅是结果。实际的学习过程才最重要!当把这些想法都联系起来时,融合式学习、与现实世界的联系和原创性工作这三者的重要性就凸显出来了。

如果以项目为导向的学习是协作的，是以学生为中心的，那么它就是和STEAM教育完美的搭配。它给学生提供了参与解决复杂任务的机会，这些任务通常要以之前的知识为基础。这些任务需要学生掌握批判性思维等技能，而这些也是学生在大学阶段和参与工作后获得成功所需的技能。

通过以项目为导向的学习，学生培养了对当今世界很有价值的能力。以项目为导向的学习还使学生参与思考、提出问题、运用资源及寻找答案。项目常常由问题驱动，学生可以提出自己感兴趣并能推动他们去探索的问题。

在学生引领的学习中，应培养好奇心，尊重学生的声音。项目以学生的选择为指引，学生也参与到评价过程中。在以项目为导向的学习中，让学生学会给予和接受对他们项目质量的反馈，并在此基础上进行修改是很重要的内容。以项目为导向的学习也鼓励同学间相互交流学习体验，通过科技与社区或全球进行分享也是其中的重要内容。

巴克教育研究所（BIE）是一个资源中心，它通过提供教学工具、课程相关材料、专业发展课程、相关研究和大量学生讲义来指导课堂上以项目为导向的学习。详见它的官网（http://bie.org/about）。

在近期的研究院峰会上，威尔·理查森（Will Richardson，作家、演说家、受人尊敬的教育博主）发表了关于学习的演讲（http://will-richardson.com）。他质疑所有关于学习的修饰语：以问题为导向的学习、以问询为导向的学习、21世纪的学习。上述每一种概念都在教育实践中占有一席之地。但他认为，上述所有的概念都应简化为"学习"。

为什么重要？

21世纪的学生需要主动的、相关的学习。他们想跟校内外的同龄人沟通。他们想追随自己的兴趣，并且能选择自己的学习内容。尽管这些可能让一些教育工作者感到不舒服，但在课堂上这么做有很多潜在的好处。我们知道，在学校以外的成功需要的不仅仅是基本的知识和技能。想要学生理解得更深入吗？想要让他们记住所学的内容吗？想看到他们建立自信并解决复杂的问题吗？如果我们真的想要伸出援手，帮助学生成为思想者、质疑者、创新者，那么这值得一试。

但是州测验和核心课程标准怎么办？

面对现实吧，即使没有美国大学与职业准备度评估伙伴联盟（PARCC）①、智慧平衡评估系统（SBAS）或其他州相关部门进行的评估，也会有其他相似的评估出现。这些干扰会诱使我们注重学生的应试技能，让学生在考试前专注于考试练习册和模拟试题。有时我们需要问问自己，究竟应该怎样帮助学生们？我们真的想制造出很多考试机器吗？或者我们想要学生精通如何点击圆圈吗？还是我们希望学生能够独立思考，与别人沟通并且成功地融入团队？

《共同核心州立标准》强调知识和技能，如批判性思维能力、运用相关科技和媒体的能力、协作能力在现实世界的应用，这与STEAM教育和创客运动的理念不谋而合。这些新标准所要求的严谨性和相关性可以通过有STEAM教育学校的动手实践和动脑实践来解决。学生针对他们所学内容，掌握深入的知识。他们会更关注完成任务的过程，而不仅仅是结果。学生参与到解决问题的任务中来，学习在没有答案的情况下如何推理并坚持下去。这些经历能够锻炼学生

---

① 一种衡量各州中小学教育水平的全国标准化考试。——译者注

独立工作的能力，以及与他人合作的能力。核心课程标准需要学生调查问题、分析数据、引用证据并展示信息。这些不正是我们希望毕业生具备的能力吗？

因为 STEAM 和创造采用整合的方式去学习，学生会对问题有更全面的理解，并将这些问题与现实世界关联。但是《共同核心州立标准》并不是唯一的考量标准。2013 年发布的《下一代科学教育标准》也与 STEAM 和创造有关。

《下一代科学教育标准》

随着《下一代科学教育标准》的颁布，学生参与到 STEAM 领域中的关键时刻到来了。"科学、工程和技术几乎渗透到现代生活的方方面面，它们也是应对当前和今后人类面临的紧迫挑战的关键。"(National Research Council，2013)

《下一代科学教育标准》包含一套科学学习框架，其中涉及 STEAM 和创造。国家研究委员会（NRC）、国家科学教师协会（NSTA）、美国科学促进会（AAAS）和智越培训咨询公司（Achieve）等机构与 26 个州合作制定了该框架。这些标准建议科学建立在以下三个重要维度之上：（1）科学与工程实践；（2）交叉概念；（3）核心领域。

科学与工程实践

科学家在调查周边世界的时候会开展一些实践，工程师在设计和建构模型时也会进行一些实践。实践需要强大的知识和技能基础。《下一代科学教育标准》重视问题的形成过程，并认为可以通过设计防止问题的出现。正是此类学习使学生明白了在校外科学、技术、工程和数学之间的相关性。

那么教室里的情况怎么样？
- 学生按计划提出问题并开展调查。
- 学生构建和使用模型解决现实问题。
- 学生在解释问题和设计解决方案时收集、分析并解读数据。
- 学生分组并使用计算思维，运用证据来证明自己的论点。

交叉概念

《下一代科学教育标准》把交叉概念定义为适用于所有科学领域的概念。交叉概念包含模式、因果、规模、比例、数量、系统、能量与物质、结构与功能，以及稳定与变化。这些概念不仅适用于科学与工程，还适用于数学、技术和艺术。

核心领域

《下一代科学教育标准》定义的核心领域包括物理科学、生命科学、地球与太空科学、工程学、技术学和应用科学。这些科学知识在很多学科中非常重要。在通用课程中，这些内容会被分成不同等级，融入各年级学生的课本中。

《下一代科学教育标准》的三个维度为学前班到 12 年级的科学与工程教学标准提供了框架。将这些维度与《共同核心州立标准》相结合，我们会发现结果与 STEAM 的四要素和创造原则是一致的。《共同核心州立标准》包括数学实践标准和英语语言艺术标准（听、说、读、写）。

这并非对标准的全面分析和比对，只是想展示两套标准的多重联系以及它们与 STEAM 和创客思维的一致性（见表 1-1）。当你在学校 STEAM 和创造学习机会时，你一定会发现其与相关标准的更多联系。

表 1-1　各标准之间的联系

《下一代科学教育标准》：科学与工程实践	《共同核心州立标准》	与 STEAM 和创客思维的一致性
1. 提出问题（科学方面）并定义问题（工程方面）	听和说：能够准备并有效与搭档进行各种对话和合作，能够理解别人的想法并清晰且令人信服地表达自己的想法	个性发展
2. 构建和使用模型	数学实践标准：数学模型	坚持不懈
3. 计划和开展调研	数学实践标准：在重复推理中总结并表达规律	寓学于乐
4. 分析和解读数据	数学实践标准：确定和使用公式结构 数学实践标准：抽象和定量推理	坚持不懈
5. 运用数学和计算思维	数学实践标准：读懂问题并坚持解决问题 数学实践标准：注意精度	坚持不懈
6. 进行解读（科学方面）并设计解决方案（工程方面）	听和说：展示信息、答案及论据，充分解释推理过程，基于任务，选择与听众情况相适应的结构和风格	寓教于乐
7. 基于论据进行论证	写：能够分析整合大量文字材料，用论据支撑论点，在分析实证主题时运用有效的推理和证据 读：描述和总结文本材料中的论点和具体主张，注重推理的有效性以及证据的相关性和充分性	以人为本
8. 获取、评估和沟通信息	写：从不同来源收集相关信息，评估每个来源的可靠性和准确性，在整合信息时避免抄袭	以人为本

创造性在以标准为基础的体系中意味着什么？

小孩子本身就具备非凡的创造力：他们搭积木，画手指画，发挥想象力，探索周围的世界。STEAM教育和创造实践的宗旨就是在课程大纲之外提升学生的创造力。赵勇在《世界级的学习者》（*World Class Learners*）一书中，谈到了学校并不鼓励创造力，而是注重为公司培养好员工（2012，p.15）。更进一步来说，他认为教育不应该压抑好奇心和想象力，学校应该为教师和学生培养好奇心和想象力创造条件。

嘉宝基金会执行董事格雷格·贝尔最近表示："今天，新的开拓者、游戏玩家、机器人专家、技术专家和设计师，与校内外的教育工作者一道，致力于激发本地区孩子们的创造力和好奇心。"（Coon，2012）STEAM和创造的自由度与灵活性对一个以标准为基础、以责任为导向的教育体系来说可能是挑战。把STESAM和创造作为积极可行的教育改革方案，是学校、社区合作伙伴、图书馆、家长和公司都要接受的挑战。这种政变也得到了肯·鲁宾逊（Ken Robinson）的支持，他是学校创造力和创新能力发展的积极支持者。

在鲁宾逊2006年的TED演讲中，他恳求教育工作者接受这种变化的范式，并考虑采用新的教学方法。他的演讲在YouTube上获得了近3 200万次点击。他断言学校扼杀了创造力，并谈论了未来的不确定性。我们现在知道，STEAM和创客运动已经成为学生发展创造力和创新能力的手段。你是否已经准备好接受这一变化，并面对STEAM教育带给你的全新课堂体验？

试试看清单

你还不相信这个想法值得尝试吗？如果你想让学生具备下面清单中的某些能力，那么 STEAM 将会给你的课堂带来价值。

> **试试看清单**
>
> 我想让我的学生能够：
> - 批判性思考某个话题或者问题。
> - 分析话题或者问题。
> - 调研信息。
> - 自主学习。
> - 团队合作。
> - 拥有口语和书面沟通能力。
> - 独立完成一项任务。
> - 完整解释概念。
> - 将学习应用到现实生活中。
> - 担任领导角色。

思维拓展

在教学中，我如何提升和促进左脑思维与右脑思维？

_____
_____
_____
_____
_____

如何将 STEAM 和创造与课堂教学相结合？

_____
_____
_____
_____
_____

如何把我的授课学科/课堂/教学内容与其他内容结合起来，以让学生打破单科限制，参与到更有意义的科学、技术、工程、艺术和数学的学习中来？

_____
_____
_____
_____
_____

第二章
改　变

改变是人生的定律,只关注过去或现在的人注定要失去未来。

——约翰·F.肯尼迪

第二章 改变

路易斯·斯图尔特（Louise Stewart）在 2014 年的一期《新闻周刊》（News Week）中说，10 年后的小学和初中教育会更像蒂姆·艾伦（Tim Allen）主演的电影《圣诞老人》中描述的样子，而不会出现《春天不是读书天》中本·斯坦（Ben Stein）所展现的经济学课堂。我很同意这一看法，但我们要知道改变比斯图尔特想象的快得多。全国各地的课室都已经转变成了工作室、工作坊和创客空间。

随着 STEAM 和创造在 K-12 学校中的重要性日益凸显，教育工作者们也将面临转变：实践的转变，物理学习空间的转变，课程设置的转变，思维模式的转变。但适应转变并不是一件容易的事情。在已经参与 STEAM 教育的学校中，情况也是如此。因此，后面我们会谈到如何克服常见的问题与障碍。

成功实践 STEAM 的学校都曾得到过某些支持。有人认为，若没有具备远见卓识的领导支持，项目就不会取得成功。"高层"的支持十分重要，但获得支持并不总是那么容易。还有人认为，从课堂层面开始的自下而上的努力更容易成功。我们如何使所有人都参与进来，确保 STEAM 和创客运动得到持续发展所需的足够的支持呢？

地区领导

学校主管和校委会可能并不了解 STEAM 和创造。分享文章、网站和书籍（如本书）可能会帮助地区领导了解这种教学方法的意义。附件 F 列出了一些能给 STEAM 和创造提供支持的网站。

对于许多校委会和学校主管来说，很多时候，经费是个问题。但有一些低成本的方法可以启动 STEAM 和创造项目而不需大量的高科技、花哨的机器或额外的员工。多利用日常家居用品和可回收材料是一个好的开始，几罐油漆就可以为学习空间增添绚丽的色彩。可以以某个教室为试点，再扩展到其他教室；可以在午餐时间开展项目，也可以在课后开展项目。

重要的是，我们应该立刻就 STEAM 和创造与地区领导进行沟通。无论转变大小，他们都需身处其中。领导们还应了解学校的实践能获得哪些社区伙伴的经费支持。第六章将讨论如何寻找社区和企业合作伙伴，以更好地实施计划。第七章将讨论如何获得捐赠等资金支持。

在实践新举措时，学校主管会考虑什么？伊丽莎白前进校区（Elizabeth Forward）的主管巴特·罗科（Bart Rocco）博士在学校巡回演讲中就所在地区的转变说道："它彻底改变了我们学校和社区的文化。"凭借创新的改革愿景和激情洋溢的领导风格，罗科已经成功地将 STEAM 和创造在所在地区推广开来。布伦特伍德学区（Brentwood Borough School District）吸引了世界各地的教育工作者前来参观，来了解他们创新的学习空间和独特的项目（详见第五章）。作为新任学校，主管埃米·伯奇（Amy Burch）谈到了创造力与创新（见下页"领导视角"版块）。

地区层面对新举措的支持非常重要，并且本地支持对推动

STEAM 和创造朝正确方向前进尤为重要。本地领导可以支持并推动教学，校长的领导是成功变革的关键组成部分。

校长的领导

当校长带头时，STEAM 和创造才能真正得到发展！校长的领导包括鼓励尝试新事物和支持改进教学实践，在后面的章节中我们将详述这个问题。本书描述的领导者是创新型的风险承担者，具有大智慧并且致力于为年轻人提供高质量的学习内容。校长和其他领导者可以通过一些手段支持学校发挥创造力和进行创新，如以下四个方面：

- 时间。
- 金钱。
- 资源。
- 职业发展。

大多数教育方面的决策会将以上因素考虑在内。校长通常是寻找经费、挤出时间、计划职业发展的人。这些也是学校教育改革中必不可少的，但支持意味着校长等相关领导要成为"变革者"。

领导视角

布伦特伍德学区的主管埃米·伯奇博士拥护改革新举措，尤其是能够提升学生教育体验的举措。她的辖区在 2013 年就开始考虑 STEAM 和编程。她对各区域领导们提出了三个层次的建议：

- 做好独立调研。
- 寻找应用方式。
- 探索潜在资源。

> 她分享了四个主要问题：
> - 有哪些不错的现有做法？
> - 本区域有何发展方向？
> - 学生将在这里形成怎样的价值观？
> - 本区域应如何衡量成功？
>
> 在探索这些问题时，她发现所在辖区缺少STEAM和创造的经验。通过调研，她发现编程项目有利于培养年轻人受雇主欢迎的特质。于是她和团队利用地方资金，开发出小学、初中和高中阶段的编程项目。

变革者

变革者鼓励并肯定改革，他们身体力行，深入实践，不怕困难。在STEAM和创造的背景下，学校领导确实需要亲自动手修理工具、摆弄黏土或构建模型。当领导做出表率时，其他人也会愿意跟随。

> ### 我的看法
>
> 在近期一次职业培训中，我所在学校的教师参加了思维设计培训课程［斯坦福大学的d学院为向教育工作者推荐此课程做了很多努力。它的网站（http://dschool.stanford.edu）是很好的资源］。思维设计培训旨在让教师们思考问题，并以创新的手段解决问题。各组须通力合作，亲自动手构建物理模型，利用纸板、塑料瓶、纽扣、电线、纸张和其他零碎物品来完成项目。我知道，让教师们走出舒适区开始创造，需要校长的参与。更有意

> 义的是，他们看到了我在思考问题和创造时的努力，体会到了学生在尝试新事物和不同解法时的感受。就职业培训和发展而言，校长们不能只是观望者，而要成为积极的参与者。

家长和社区

家长和社区成员是所有学校项目的重要组成部分。对于家长和社区成员来说，STEAM 和创造可能是全新的概念。因此，学校领导或班主任有必要普及这一概念，让家长和社区成员亲身体验是一种有效方式。当我们启动克拉夫顿小学的 STEAM 工作室的时候，设定下午 3 点到 8 点为开放时间，其间欢迎学生的父母、爷爷奶奶、兄弟姐妹和社区成员前来参观体验。学生充当向导，给参观者展示材料并解释自己的项目。家长和学龄前儿童坐在一起，尝试搭 Rokenbok 积木[①]。工作室的气氛热烈，每个人都跃跃欲试。这种形式有助于后续项目的开展。我们还通过学校简报、网站和社区杂志等方式展示信息，和家长们分享很多与活动相关的故事和照片。对多数家长而言，这些方式已经足够丰富，但少数家长可能并不为之所动，他们会问：

- 为什么 STEAM 和创造很重要？
- 我的孩子能创造些什么？
- 这是种什么样的教育？
- 他们会有家庭作业吗？
- 这会被计入成绩吗？

---

① 一种模块式可搭建的益智积木，类似乐高。——译者注

- 有什么安全保障吗？
- ……

家长们还可以通过分享专业经验参与其中，如通过客座演讲与学生谈谈自己的职业，目前已有从事土木工程、景观设计、医学影像和专利律师等工作的家长分享了他们的工作体验。也有家长来学校谈自己的兴趣爱好，与大家分享了自己对组装摩托车、设计网站或缝纫的热爱。家长和社区成员可以分享各种技能。STEAM 和创造的精髓就是邀请别人参与进来！否则你永远不知道别人有多大的潜力推动你的项目发展。

虽然来自上级、家长和社区的支持至关重要，但如果要持续进行改革，教师们也要发挥积极的作用。尽管有些教师还在犹豫，但已有先锋者引领了 STEAM 和创造的潮流，我们将在后面的章节谈到他们的具体做法。

犹豫的教师

每当新的改革举措出现时，都有立刻参与其中的教师，也有在鼓励下愿意尝试的教师，还有固执己见、坚定地说"一切都会过去"的教师。

莫里斯（Morris）女士就是那种不想看到任何波澜的教师。她做事总是一成不变，认为没必要在课程计划中添加任何新东西，特别是没必要把课堂交给学生掌控。STEAM 和创造的观念超出了她的舒适区。

那么，她是如何成为设计出精巧的装置，并允许学生利用这一装置把鸡蛋从阳台上扔下去的教师的呢？

转变需要时间。莫里斯女士和很多教师一样，需要先看到成

> 果再决定是否加入。当她的同事们开始行动的时候，她在观望。首先，她在小组里尝试开展了一些简单的活动，而不是在其25人班级中；她尝试让家长或助教参与小组教学，也尝试让专家帮助推动某些专业课的开展。在校长的持续鼓励下，莫里斯女士开始逐步把动手实践引入课堂，与其他教师一起参与STEAM和创造。她利用某些儿童读物辅助设计任务，很快就取得了不错的成绩。

教师们的改变

改变是困难的，没有人喜欢改变。但是，教育正在使许多事情发生改变。教师们已经习惯了层出不穷的变化，也习惯了很多举措每隔几年便循环往复。STEAM和创造会不会也如此？也许会。但这场变革正在迅速发展，它应该被看作教育界的一次有价值的转变。我们可以分步去适应它。

萨勒诺和布罗克（Salerno and Brock）的变化周期（Change Cycle，http://www.changecycle.com）系列为人们如何适应变化提供了清晰的步骤。

- 失去。在变化开始之初，你变得小心翼翼（这很正常）。你正在从已知走向未知。虽然忘掉"事情原本的发展规律"很难，但并不是没有可能。
- 质疑。教师们会对变化产生抗拒心理，并在它来临时表现出质疑情绪。质疑新变化没有关系，当你看到学生参与STEAM之后的反应时，质疑自然会转化为希望。
- 不适。改变并不舒适。我们需要对做法进行调整，因为当教师感到焦虑的时候，可能会事倍功半。在领导的支持下，教师们可以在参与STEAM的过程中，更加得心应手地运用教学策略。

● 发现。这是水到渠成的事情。当发现变化带来的好处之后，教师们自然就会充满动力地积极参与。

● 理解。当建立起信心后，教师们的工作就会事半功倍。此时，他们已经能够做到拥抱变化、拓展项目、承担风险、开始创新，使自己成为变革者。

● 整合。具备整合能力需要时间，并且整合会引起新的变化。教师们会对自己的成果表示满意，并专注思考继续向前。

在开展STEAM的学校里，教师们在每一个时间节点都能感受到不同的变化。同事和领导的支持至关重要，地区网络也是获取变革支持的重要渠道（第六章将介绍匹兹堡学习网络的重建）。此外，社交媒体也是建立教师支持网络的一种好方法。脸谱网（Facebook）、拼趣网和推特都是适合和他人交流思想的平台。

美国国内 STEAM 和创造领域的主流网站：

@DianaLRedina   @MakerSylvia

@KristinZiemke   @IntoOutside

@NMHS_lms   @sciteach212

@Teach21Tech   @ms_deljuidice

@MAKESHOP   @ZeinaChalich

@DrToddKeruskin   @kerszi

@garystager   @geekyteach

@smartinez   @ShaneAbell

莎乐区小学：变革空间

大多数小学教室大同小异：正方形或长方形，几扇窗（如果幸运的话），中性色彩的墙壁，一块黑板或者白板，几块公告牌。每个教师都尽其所能，用五颜六色的展板、海报或者亮色地毯使教室鲜活起来。描述得准确吧？但是，有些学校正在把教室变得耳目一新，目的只有一个，就是使孩子们能参与到STEAM创造学习中。

把普通教室变成全新的学习空间是怎样的感受？莎乐区小学就设计了这样一间教室，最终带来了整个学校文化的改变。

试想在一间漆黑空旷的屋子里，你按下宇宙飞船仪表盘上的控制键，整间屋子明亮起来，触摸屏上显示实时信息，团队成员们坐在飞船的座位上分享想法、交流信息。你能相信这是一间小学教室吗？

这所学校把一间教室改造成了梦想中的飞行模拟器（http://dreamflightadventures.com）。这个空间现在是一艘名为"IKS泰坦"的宇宙飞船的栈桥。在这种互动式学习环境中，教师在整合严肃内容的同时，教给学生团队合作、批判性思考、解决问题和有效沟通的方法。从2013年开始，这个创新项目已帮助1 000多名4～6年级学生养成了STEAM学习兴趣。学生可以以小组的形式进入模拟器，共同操作，并利用它来进行各种各样的教育探索。

梦想飞船的任务

任务：让学生探索君主制、民主制、民主共和制、核同位素、放射性衰变、海洋生物学，以及美国政府的权力制衡。

课程联系：写作思考——历史和传统如何影响政府管理方式？

任务：在学生学习免疫系统、循环系统和淋巴系统时引入流行病学、解剖学和生理学。运用科学的方法分析病毒、病毒繁殖和抗病性。

> 课程联系：课堂辩论——应该积极保护基因的多样性吗？
>
> 任务：就污染问题调查水生态系统和食物链，并思考生物的相互关联性，让学生检验酸碱度，净化水资源。
>
> 课程联系：写作思考——关于环境保护，社区利益相关者应该承担什么样的责任？

在模拟器中，学生可以遨游太空、探索海洋、进入人体和穿越时空。每名机组成员在完成飞船任务中都有自己的角色。学生认真学习每项任务的主题，确保在实际动手、动脑过程中了解相关内容。"由于任务的设置很像电子游戏，孩子们完全投入其中，而且意犹未尽。他们想认真学习，以便做得更好。"主管助理卡拉·埃克特（Kara Eckert）与我交流时说道（personal communication，January 19，2015）。正是源于她的想法，加里·加德纳（Gary Gardiner）才创造了这个非同寻常的学习空间。

"IKS 泰坦"飞船的任务体现了一系列主题：历史、文学和生物；学生还可以钻研课堂之外的社会和伦理问题。对学生来说，任务十分具有挑战性，因为教师退后一步，充当引导者而不是讲授者，学生需要自己做出决定并解决问题。

当模拟器呈现在大家面前的时候，连大人们都想参与。活动吸引了教师、家长和其他当地教育工作者前来体验。这是一个融合了科学、技术、工程、艺术和数学的项目。"这个空间很特别……每个人都有自己的分工。我的一个不善言辞的学生，在这里表现得很好。"埃克特说（personal communication，January 19，2015）。

目前，全国有很多学校在建造这样的大型模拟器，这需要所在学区的大力支持。梦想飞行探险（Dream Flight Adventures）公司正在寻找更多学校加盟，并与各地区合作筹集资金来建造此类学习工具。

第二章 改变

"IKS 泰坦"飞船

"IKS 泰坦"飞船仪表盘

障 碍

起初，模拟器的实际建造似乎是最大的挑战。把教室变成这样的创新空间需要做大量的工作。使用的独特材料让模拟器令人叹为观

39

止。埃克特把这一切归功于监管人员和维修人员的努力。他们甚至找到了一个旧的飞船门安装到模拟器中！在地区工作人员、教师、监管人员和行政人员的帮助下，模拟器在四个月内建造完成。

"我们将把它作为其他项目的跳板，它不可能是个不可复制的奇迹。"（Kara Eckert，personal communication，January 19，2015）莎乐区希望扩大这一计划，工作人员继续寻求外部资金支持，希望获得美国国家科学基金会的资助，开发十个此类教学单元。

发展想法

莎乐区的工作人员和学生计划组织一个 STEAM 夏令营，学生可以在为期一周的训练营中选择四个课程。其中，有课程旨在让参与者通过团队合作学习、使用乐高头脑风暴（Lego Mindstorms）等方式设计制造机器人，还有课程将数学和艺术结合起来，让学生探索平面几何，并利用相关概念创造视觉错觉。此外，学生还可以参加营地桥梁建设课程。该地区计划充分利用科学中心等社区资源，推动体育科学工作坊的发展，并与当地戏剧团体建立合作关系，促进融合了运动、创造力和舞蹈的课程发展。

各机构也在积极开发 STEAM 相关项目。科学教师在成功开办课后俱乐部后，彻底改革了课程设置，增加了为期九周的乐高头脑风暴计划（http://www.lego.com/en-us/mmdstorms/? domainredir=mindstorms.lego.com），让学生有机会利用编程制造并操控能走路、说话和思考的机器人。机器人可以在团队的操控下穿越各种障碍，甚至参加比赛。计算机实验室里现在有了一个专门的空间来放置机器人材料，还有一张供学生实践创造的大桌子。

有了经费支持，音乐教室也变成了五颜六色的空间。空间里包含亮色的墙壁、存储空间、乐谱架、音乐工作室和休息区。学生在上音乐课的时候，可以利用平板电脑上的随身录音室（GarageBand, http://www.apple.com/ios/garageband）应用程序作曲和混音，录制自己的单曲。在各学科相互融合之后，学生既可以在音乐课上学习阅读方法，也可以在读乐谱的时候利用便笺提高理解水平。

莎乐区还成立了 STEAM 建议委员会，旨在为中学生增加更多的编程课程。委员会也在探索不同的 STEAM 专业路径，且对数字徽章的想法颇感兴趣（详情见下一章）。

创新型学区改变了人们对教室的固有看法。它们改变学习空间，开发培养学习兴趣的项目，引入独特的科技。随着 STEAM 学习概念的不断发展，此地区一定会发生更多的改变，从而有能力应对不断变化的未来。

放满机器人的桌子

STEAM 创客先锋

课程：你能做出来吗？

目标：探索可回收材料并进行原创设计，写下制作步骤，看你的合作伙伴是否可以依此把它重新制作出来。

> 时间：既可以是在30分钟内完成的简短项目，也可以放在几堂课中仔细探究。
>
> 可能用到的材料：布料、纱线、串珠、纸板、塑料瓶、胶水、电线、冰棒棍。
>
> 程序：每个合作伙伴都应该收集材料来制作原创作品。（刚开学时，作品可以是能向同学描述的东西。在学期中，作品可以和在课堂上读到的故事有关。在期末，作品可以是想在假期完成的东西。）学生应该独立完成作品，不要和伙伴们相互借鉴。每个人都要写下制作作品的步骤。当伙伴们再次集合时，可以尝试按照他人写下的步骤重新制作作品。学生应该与小组成员分享自己的作品，并听取小组成员的反馈。
>
> 反思：你有没有做出类似的作品？学生应该反思自己提供的指导是否清晰，以及如何在以后改善沟通效率。

匹兹堡儿童博物馆：采取行动

匹兹堡儿童博物馆正在发生天翻地覆的改变！尽管有很多值得观赏的东西，但这并不是一个可以四处走动并观看展品的博物馆。这里没有"禁止触摸"的标志，除了一个喷漆架旁边的空间——在这里，孩子们可以把他们的画晾干。这是一个可以互动的地方，与之前你去过的博物馆大不相同。除了水上房间、攀爬区、黏土桌、丝网印刷，滑梯和火车等与主动学习有关的展览品外，博物馆还设有创客商店。这是一个令人兴奋的地方——一个儿童和家长的创作空间。在博物馆，你可以看到在木工车间工作的父女，在学习编织的邻居，或用PVC管制作大理石的学龄前儿童。每次来到创客商店都会有不同体验。"教学艺术家们"布置这个空间，吸引参观者参与到创造过程中,并帮助他们把想法变成有形的作品(Lisa Brahms, personal communication, February 5, 2015)。有的孩子想学习有关电路或制造汽车的知识,有的孩子想学缝枕头或建一个狗屋。

我儿子卡登在创客商店里

在匹兹堡,儿童博物馆已成为创客运动的主要引领者之一。该博物馆依托由学校、社区团体、研究人员和组织形成的社群网络,致力于为青少年在各类场合创造有效学习的场所。在与匹兹堡儿童博物馆的教育项目经理萨曼莎·埃尔伍德(Samantha Ellwood)和学习与研究部主任莉萨·布拉姆斯(Lisa Brahms)的谈话中,我们讨论了 STEAM 为什么非常重要,还谈到了 STEAM 如何让教师以不同的方式思考,以"让自己在不舒适区感到舒适"。莉萨表示应该把博物馆中引导家长和孩子参与的经验应用到学校中去。她说:"之前,学校并不鼓励学生选择、创新和发挥想象力。"现在,全国各学校都在实践这一概念,许多组织也对 STEAM 与创造之间的联系产生了兴趣。许多与创造有关的项目正在推进,就像车辆从匝道驶入 STEAM 高速公路一样。萨曼莎对此持不同看法:"对很多人来说,努力之后得到 A 的成绩只是事后肯定，但我们认为，A 应该从始至终闪耀光芒。"

在创客商店里动手制作

博物馆给参观者们提供了从兴趣出发做选择的机会。创客们可以探索出多种途径，也可以更深入地关注其中一种。某些学校也已经开始实践并取得了成效。由于博物馆与社区内的许多小学存在不同程度的合作关系，因此它对其中一个学校的经验非常了解：学校基于学生的兴趣设计课程，如学生对纸飞机感兴趣，教师就会设计一个纸飞机活动单元，之后再慢慢扩展到降落伞、风筝和滑翔机，最终以挑战赛结尾。教育工作者不指定学习方法，学生的心声是课程设计的依据。

萨曼莎和莉萨对那些已经开始实践 STEAM 和创造活动的学校给出了如下建议：

（1）保持开放的心态。

（2）教育工作者应学习创造并成为创客，要亲自下场实践，不要怕弄脏双手。

（3）投资于人（他们的热情和专业）而不是材料（设备和器材）。

创客商店正在改变匹兹堡的课外学习方式。2013年，由匹兹堡儿童博物馆牵头，多位传统的或非传统的教育工作者共同开启了一个新项目——移动创客商店。顾问组由匹兹堡地区的申请者组成，有些甚至来自西弗吉尼亚州。教师、主管助理、博物馆管理员、社区图书管理员和大学教职员工共同分享了在学校和社区中创造的经验。这个团体提倡把创客商店变成移动博物馆，并讨论了它的潜在益处和挑战。顾问组讨论的话题也包括教师和图书管理员角色的转变，对过程而非结果的强调，以及资金来源和可持续性。

年终时，共有五家移动创客商店落成，你将会在本书中对它们有所了解。每家移动创客商店都有各自的特点，并对当地的文化产生了持久的影响。这一切都要归功于匹兹堡儿童博物馆的领导和支持。

导师的作用：改变我们同孩子说话的方式

导师和教师的作用不同。导师引导但不教导；导师质疑、推动，但不领导；导师明白此处有人比他的知识更丰富（教师很难做到）。对教师而言，从讲授或直接指示过渡到引导和推动是个不小的挑战。

想想目前的数学和科学教学。教师教学生如何解决问题或设置实验；教师常常给学生讲解步骤和流程，并向学生展示做法；教师为学生做示范；教师让学生一遍又一遍地练习，教师一遍又一遍地讲授。

如果教师不讲解方法，或不手把手地指导学生会怎样？如果教师提出更宽泛的问题，让学生以开放的学习态度探索和发现会怎样？如果教师让学生从开放式设计和挑战中获得经验，而不指挥他

们的学习会怎样？如果教师退后一步观察学生会怎样？学生的思维和学习将会发生怎样的变化？表 2-1 列出了提升学习体验的一些问题范例。

表 2-1 提升学习体验的问题

初始问题	你在做什么？ 你的计划是什么？ 你有什么背景知识？这些知识如何帮助你推动这个计划？ 你为什么选择这些材料？ 你考虑过其他设计方式吗？ 这样做的目的是什么？
发展性问题	你能不能绘制一个草图来帮助设计＿＿＿＿？ 下一步该怎么做？ 有没有其他方式解决这个问题？ 我们怎么能试着＿＿＿＿？ 当你＿＿＿＿的时候你在想些什么？ 你将如何完成你的目标？ 如果你选择＿＿＿＿材料而不是＿＿＿＿材料，结果会有什么不同？ 您是否考虑过模型的测量比例？ 你对这个团体有什么贡献？ 你的作用是什么？
回顾性问题	你遇到了什么障碍？ 下次你会有什么改变或不同的做法？ 对于制作/使用＿＿＿＿，你能给别人什么建议？ 最终结果是你所期望的吗？ 你的原始设计和最终产品是否一致？ 你还有其他想要的材料吗？

表 2-1 中的问题既可以提升学生的创造体验，也可以被用于其他形式的学习中。通常，我们的提问方式会影响问题的答案，如问学

生以下问题：

你在制造火箭的过程中是否遇到了什么问题？

告诉我你在制造火箭的过程中面临的挑战吧。

有些问题，学生可以轻松地回答是或不是，无须进一步说明。有些问题既可以让学生描述体验，使其掌控设计的过程，也可以给教师一个坐下来聆听的机会。当学生解释时，教师可以更好地了解学生的掌握情况。

对教师而言，导师的角色很具挑战性。设计强大的开放式问题是迈向有效 STEAM 和创造教学的重要一步。凭借强大的领导力，埃文沃斯小学的教师们正在扮演着导师的角色，这是他们学校实践创客运动的内容之一。

埃文沃斯小学：改变实践

对于校长斯科特·米勒（Scott Miller）来说，"这一切都是为了整合经验"。他在 2015 年 1 月 23 日的一次会议上描述了他看到的教育问题："一切都是独立发生的，不存在知识迁移。"

面对这一问题，斯科特和许多学校领导一样，觉得有必要采取措施进行改变。在与匹兹堡儿童博物馆合作的契机来临之际，他毫不犹豫地参与了进来。

通过建立独特的伙伴关系，埃文沃斯小学被指定为移动创客商店所在地，成为宾夕法尼亚西部地区五个社区创客中心所在地之一（其他几个包括一所小学、一座图书馆、一个社区中心和一所大学）。在 2013 年秋天举办的一项启动活动上，教师们接触到了创客的概念。其间，教师们对创造的概况、具体结构、设计过程，以及融入课程体系的可能性都有了一定了解。更重要的是，启动活动鼓励教师参与动手制作和设计挑战。

埃文沃斯小学的创客们

为了推动这一教学改革,博物馆员工购买了工具、材料和存储箱来营造适合创造的环境,并聘请资深教学专家每周与教师和学生共同进行创造活动。这位资深教学专家为儿童和成人提供了木工、电路、缝纫、建筑、设计和动画等方面的各种体验,目的是将博物馆学习带入学校。

从小处做起,让所有人参与

米勒最初让教学专家在幼儿园小班进行教学。这位教学专家每周进入6间教室,提供45分钟的创造课程。以课堂为基础的课程鼓励利用原材料进行实践学习,以促进交互式的学习体验。学生们有机会使用真正的工具:锤子、螺丝刀和缝纫针。教学专家扮演导师的角色,而非直接教学,他利用开放式问题促进教师和孩子进行更多的思考。

> **创客说：培养创客心态**
>
> "我们慢慢开始，让一切顺其自然。"米勒说。他给出了一些基本的专业发展意见，以便教师们理解实践的原则。"我认为亲身体验非常重要！"他邀请教师们去匹兹堡儿童博物馆参加夏季创客训练营。一年一度、为期4天的体验让教师们沉浸在动手实践学习中。
>
> 他与教师们分享文章，让教师们自己去发现创造，寻找适合自己的工作方法。他的方法遵循以下步骤：
>
> - 提供学习机会。
> - 提供支持。
> - 重复。

校长的领导是成功执行的关键。校长为教师提供持续的支持和职业发展培训，为团队规划与合作设计实践活动，以帮助教师转变。与匹兹堡儿童博物馆合作的职业发展课程强调创作经验的价值。教师不仅接受教学专家的培训，还参与博物馆为学校量身打造的小型训练营。博物馆还提供了缝纫、木工和 Scratch 编程方面的课程。（Scratch 是简单易用的免费动画编程程序，详见 MIT 网站：https：//scratch.mit.edu.）

每个年级的教师都可以学习相关技能，并思考如何将创造与现有课程联系起来。米勒提醒教师们："你永远无法确定孩子们的学习方向。"鉴于这种情况，教师摆脱了传统的教学方法，以开放的态度设计课程，并与学生互动。

随着与博物馆合作关系的发展，教师开始在教室设计中注重以课堂为中心。很快，以课堂为中心的概念就从教学策略演变成了文化焦点，成为每个教室的设计基础。各年级教师都秉承这一理念，在日常

实践中让学生定期总结设计元素。课堂的成功让这所学校在社区中脱颖而出。

通过参与其中，家长可以看到新概念的实际应用情况。他们不仅看到了孩子的热情，他们自己也进行了全新的学习。在项目实施的第一年，儿童博物馆举行了特别庆祝活动。免费活动促进了创客文化的发展，让与会者有机会探索博物馆的创客商店及其展品。

埃文沃斯创客空间成功的关键是家长的参与。"社区都在谈论它。"米勒说。一个很活跃的组织——家长教师协会（PTA）希望能从学校了解到更多信息。我们可以了解到什么？我们有什么具体做法？米勒让家长们参与进来，并向他们阐述了自己的愿景。家长们很兴奋，充满了热情。他与家长和教师分享知识和资源，希望他们推动倡议的发展。家长甚至承担起管理学校创客空间的责任，开始积极募捐和收集材料。

这所学校很幸运，在开始时就懂得利用创客商店的工具，并在家长教师协会的帮助下成功运营了两年。这些活跃的家长积极组织活动，清理创客空间，并捐款资助学校。现在，每间教室都负责收集一两种创客活动所需要的物品。他们收集鸡蛋包装盒、瓶盖、织物和纸板，以保证学生能持续创造。表2-2是一张带给家长的宣传单，以便每间教室都能收集到创客空间所需的一两种物资。

表2-2　家长宣传单

需要捐赠的物品	
幼儿园教室	
101教室	瓶盖
103教室	纽扣
104教室	乒乓球
105教室	衣服针和大夹子
110教室	冰棍棒
112教室	空的麦片盒子

续表

需要捐赠的物品		
1年级教室		
	202 教室	硬纸盒
	203 教室	针线
	204 教室	木材边角料
	207 教室	包装用品（泡沫等填充物）
	208 教室	织物
	210 教室	鸡蛋包装盒
2年级教室		
	306 教室	水管清洁条、毛球，或其他工艺品
	307 教室	泡沫托盘
	308 教室	金属衣架
	309 教室	绳子
	311 教室	厕纸
	312 教室	坏掉的玩具

障　碍

"教育中有很多关于时间的争论。"（Scott Miller，personal communication，January 23，2015）学校领导需要留出时间，不断进行干预和测试。但是，留给学生发展创造力和参与合作项目的时间在哪里呢？"对我们来说，应该做的并不是关注是用 STEM 还是 STEAM 的缩写形式，而是关注如何为孩子们创造更有意义的体验。"米勒解释说。

发展想法

米勒校长想在学校和整个地区推广编程。他也在探索与其他学校建立合作伙伴关系，致力于将创造融入课堂。他计划拜访该地区的其他创新学校，看看是否可以分享专业发展理念，建立学校之间的关系网络。

米勒校长正在与其他学校合作，想要获得资金发展一个辅导项

目。这个项目旨在让已经开展创客活动的学校与即将开展创客活动的学校合作。拥有完善课程体系的学校可以作为导师,为后来者提供指导,并与后来者分享想法。合作学校可以分享专业发展理念,甚至资源。

威灵耶稣大学挑战者学习中心

威灵耶稣大学挑战者学习中心(http://clc.cet.edu/?/home)正在转变实地调研的意义。这个位于西弗吉尼亚州威灵市的教育中心是全国40个教育中心之一,为各类教育工作者、本科生、研究生,以及K-12学校的学生提供服务。在过去的20年间,俄亥俄州、宾夕法尼亚州和西弗吉尼亚州的学校一直在访问该中心。

受1986年1月28日"挑战者号"灾难的启发,机组成员的家人们合作开发了一个场所,这个场所可以通过太空任务激发人们对科学和工程的兴趣。通过实验和利用专门设备解决问题,学生(和教师)能够沉浸在太空探索中。威灵耶稣大学挑战者学习中心(CLC @ WJ)也为学生提供各种机会实践STEAM。

该中心接受校内参观,游客们可以参与太空模拟。学生和教师成了乘飞船访问月球、与彗星会合或前往火星的飞行员、医生或研究员。

每年都有数千名学生参加威灵之旅,但该中心明白,并不是每个人都能现场参加(除了交通和餐饮费外,一个班级的参观费用为几百美金)。挑战者学习中心也提供远程学习机会,被称为"e任务"。这些任务是通过视频会议实时执行的。学生团队通过与"任务控制中心"合作,规避天气灾害,疏散岛上居民,并在发生特殊情况时为卫星提供支持。在任务期间,学生团队会得到不断更新的数据,他们边分析边向飞行指导员提出建议。快节奏的任务可以让大家真切了解在美国国家航空航天局(NASA)中工作的宇航员、科学家和工程师的日常工作。

挑战者任务准备

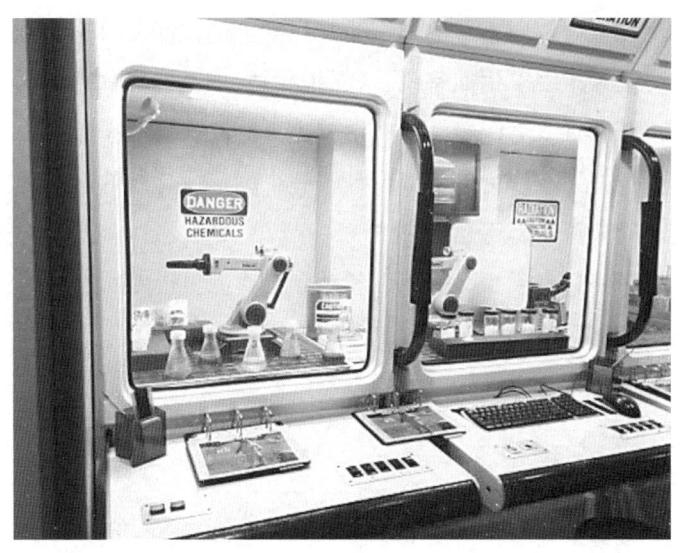

挑战者模拟任务

挑战者任务控制中心

与挑战者学习中心有合作关系的学校将这种体验融入了教学课程。教师将数学和科学的内容与学生执行任务期间所做的工作联系起来。在完成任务之前，学生将学习地理、地质、天文学和物理学的知识。当他们上传数据、整合信息，并与他人沟通时，必须能自如地使用技术。学生"带回家"的知识非常强大。当被问及对这次经历的看法时，一位6年级学生回答说："那是我做过的最酷的事情！"

以 STEAM-y 为蓝本，一些学校也为他们的教学任务添加了创造内容。克拉夫顿小学为该任务设计了一个图形设计组件，像美国国家航空航天局为每个任务创建的补丁一样。学生设计了专属 T 恤，供所有人在任务日当天穿。学生、教师和工作人员会对所有设计进行评分，然后选出获奖设计。在过去的 20 年间，每年都有获奖设计被装裱好，挂在学校 6 年级的教室内。

小　结

各类教育都处于不断的变革中。莎乐区和埃文沃斯地区的创新学习实践是 STEAM 和创造的杰出典范。与匹兹堡儿童博物馆的合作为教育工作者在学校的改革提供了支持。STEAM 和创造促进了学生创新能力的发展。先锋学校和组织的成就证明，教育改革势在必行。

思维拓展

列出你所在学校需要改造的空间。如何将这些空间改造成 STEAM 和创客空间?

_____
_____
_____
_____
_____
_____

如何能使家长和社区参与进来,充实你的学习空间?

_____
_____
_____
_____
_____
_____

如何将现有学习目标、单元或者课程设计与 STEAM 和创客活动联系在一起?

_____
_____
_____
_____
_____
_____
_____

第三章
失 败

创客教育

失败是有意义的。一个真正会思考的人不仅从成功中学习,也从失败中学习。

——约翰·杜威

第三章 失败

周六早上,我坐在那儿看我快三岁的儿子摆弄积木、纸盒和玩具车。他表情严肃,好像是在思考什么重要的事情。(他在设计一个多层车库来停放他所有玩具车。)他眉头紧锁,把拼好的积木又分开。他还一度猛地甩开拳头大喊一声"啊"。他来回走动,抓起不同的积木块再一次尝试。随着车库的不断建造,他遇到了困难。他的设计行不通了。他很沮丧,但他还是坚持了下来。我看到他在成功和失败之间摇摆。当他最终满意的时候,脸上满是骄傲的光彩。他战胜了挑战。"看啊,妈妈,我成功了!"

我们都有过这样或那样的失败经历:考试失败、找工作失败、感情失败。作为成年人,我们在一生中经历过大大小小的失败,失败并不好受。对待失败的态度是你区别于他人的根本所在。失败使你退缩、让你放弃了吗?还是你把失败当作自己前进的动力?你如果没有经历过很多失败,可能就不会那么坚忍。教师和学生也可能遭遇失败。对于教师来说,冒险就意味着可能失败。如果我尝试了结果不成功怎么办?如果别人认为我是个失败者怎么办?我们的学生也考虑这些问题。传统意义上的学校并不主张冒险并接受失败。我们讲授内容,直到我们确认学生都学会了为止,然后我们测试他们是否真的已经掌握了。参与STEAM和创造意味着教师和学生都会更轻松地面

对失败。

在课堂中进行创新很有风险。这意味着第一次可能会出错,第二次也未必对。创新意味着你必须放下手册、教案、粉笔,打破成规去思考。实际上,你的学生已经在这样做了!但是离开自己的舒适区还意味着事情会变得不一样,不一样可能很可怕。一种让学生和教师更熟悉失败的方式是教授他们应对挑战的策略和方式。比如说,坚持不懈和灵活思考在正在开展STEAM创造的学校教室中很常见。

思维习惯

由科斯塔和卡利克(Costa and Kallick,2008)倡导的思维习惯(见表3-1)正被很多学校使用,在这些学校里,STEAM和创造对学生的学习至关重要。这些体现成功意义的生活技能通常被称为"软技能"。学生在设计、重新设计、协作、测试和分享的过程中会遇到很多问题。他们在这种情况下怎么做?一般情况下,他们会运用良好的思维习惯,把握STEAM创造的学习机会。

表3-1 思维习惯

坚持不懈	精益求精
控制冲动	质疑和提出问题
带着同理心倾听和理解	灵活思考
反思	举一反三,温故知新
创新与想象力	清晰地思考和交流的能力
有幽默感	利用多重感官收集信息
终身学习的能力	愿意冒险并且承担后果
保持好奇和敬畏之心	独立思考

很多思维习惯是自己养成的,积极思考必不可少,因此学习者需要建立一定的模式,并经常与成年人进行练习。许多学校正在系统地

教授思维习惯课程。在其他学校，这些习惯被纳入了学校品格教育项目。有一所学校每个月专注于培养两种习惯。他们把这些习惯写在教室和走廊里并且根据这些习惯进行课堂教学。在课堂会议上，教师和学生会探讨当人们展现出这几种习惯时是怎样的。STEAM 和创造中的学习机会能让学生实践并将这些习惯付诸行动。

肯·鲁宾逊在 TED 演讲中谈到了失败，他提醒教育工作者，孩子在上学之前"喜欢冒险，他们不害怕做错"。他强调："如果你不准备犯错，那么你永远也不会做出原创的东西。"他还说："我们在长大后失去了创造性，或者我们被教育得没有了创造性。"我们不能允许它发生！学校开发创造力的方式有许多。STEAM 和创造就是实现这一目的的可能路径。

我的想法

当我们第一年建立并运营 STEAM 工作室的时候，我在午餐时间举办比赛来吸引学生，让他们来看看学校里这间"新教室"在做什么。一天，我给学生们看了一个 YouTube 上的视频，视频里是离我们不远的一所学校的小学生在建造一个路比戈德堡装置①这个简单的视频给学生们展示了装置的作用和一系列失败的尝试。学生们聚精会神地看着乒乓球经过一系列坎坷最终把杯子打翻。我还给学生们展示了另一个高中学生做类似装置的视频，它的路径更加复杂，其中包含多米诺骨牌、滑轮、电扇甚至还有个面包机！他们一共尝试了 148 次。在最后一次尝试中，当学生们看到视频里的学生最终达成目标的时候全都跳了起来，并欢呼雀跃。我们的第一反应是，我们能做到吗？

---

① Rube Goldberg device，类似于多米诺骨牌，以高度复杂的机械组合来实现简单工作的一种装置。——译者注

> 在接下来的两天里，5年级和6年级的学生用纸管、弹珠、绳子、胶带、冰棒棍和其他可回收的杂物搭建了他们自己的装置。我们也录制了实验视频（最多的进行了16次尝试）。一组学生计划周密，第二次就成功了。在这个过程中，学生们很纠结。有些学生很生气，有些学生走了，但几分钟后又回来了。尽管我们在这一阶段并没有过多地关注思维习惯，但我通过这个项目观察到了行动中的很多特征：坚持不懈、精益求精、灵活思考、保持好奇和敬畏之心。

丽兹·佩里（Liz Parry）是一名贸易工程师，她也是北卡罗来纳州立大学工程部 STEM 合作发展项目协调人。在近期的一次对话中（January 2015），她问了一个宏大的问题：

"我们怎样才能创造一个能接受失败的环境呢？"

丽兹还是一名"工程是基础"EIE 项目培训师。EIE 项目由波士顿科学博物馆建立，协助把工程内容融入小学课程。丽兹穿梭于东海岸为教师们提供职业发展培训。她向教师们讲授动手实践的工程课，就像给学生们上课那样。这种方法不仅让教师们体验了如何成功地解决问题，还教会了他们应对学生们可能面临的同样问题的新理念。

我们需要能解决问题的人

有时候我们需要问自己：我设计这门课程到底想要实现什么目的？掌握内容？通过测试？完成既定课程？虽然这些都是我们在学校教学中所面临的现实问题，但我们还是能得到很多其他比较理想的成果。"我们需要能解决问题的人！"丽兹在我们的会上几乎大叫着说道。她紧接着描述了教师们如何陷入了评估体系的恶性循环，如何陷入了时间的困境。

"我们没有时间做这些。"

"我们周五有个测验。"

"这些跟我的课程计划不符。"

丽兹很快反驳了这些想法。"测验并不是终极目的，我们应该把注意力放在如何与其他人共事上。想想高中生们，我们不可能在单独教他们每一科的情况下，指望他们在毕业之后就能够把所有科目组合在一起。所以我们应该为这个终极目的做准备。"我们能帮助学生的一种方式是使他们具备"科技素养"。丽兹把这种素养分为以下三部分：

（1）合作。学生需要多种机会与他人合作。他们需要与其他学生合作，与教师合作，与这个领域的专家合作。他们需要能够与他人以有效的方式交流、沟通、保留意见或者达成共识。这个技能将帮助他们为校外生活做好准备。

（2）运用数据。学生不仅应该学会收集、分析和解读数据，还需要学会沟通，运用不同形式把数据呈现给他人。学生在校内外都需要这个技能。

（3）失败和恢复。我们曾谈到让学生和教师们接触失败的重要性，但是恢复过程也不可或缺。失败使人感到无助并且不愿再参与有风险的任务，害怕失败会再次发生。作为教育工作者，我们需要让学生参与到这些任务中，让他们更加关注成功的方面。在课堂上谈论失败和恢复的过程或者分享有关抗逆力的儿童文学可以帮助学生重获冒险的勇气。

K-12 班级的工程学应该怎么教？

2006 年，美国国家工程院（NAE）和美国国家科学研究委员会

（NRC）召开了一次特别会议来探讨这个问题。研究结果于 2009 年发表，提出了针对年轻人的有效工程教育图景，重点强调了开发工程思维习惯的重要性。在我与丽兹·佩里的讨论中，她也谈到了工程思维习惯的重要性。工程思维习惯包括以下 6 种：

- 系统思维。
- 创造性思维。
- 乐观。
- 协作。
- 沟通。
- 关注伦理问题。

我认为这些思维习惯适用于 STEAM 教育的所有科目，而不仅仅是工程。当这些思维习惯结合在一起的时候，年轻人能够相互合作、发现问题、寻找答案。掌握灵活思考的能力能使学生在离开学校之后受益终生。

系统思维

我们需要为学生展示科目的本质和科目之间的联系，使他们理解 STEAM 科目之间是相互联系的。系统思维也需要批判性思维和逻辑推理能力的开发。

创造性思维

培养学生的想象力对他们日后的成功至关重要。创造性思维包含原创性和灵活性（学生和教师都是）。使学生参与到设计过程中能够帮助他们开发创造性思维。

乐 观

当学生参与到工程和其他 STEAM 相关学科的学习中时，每一次挑战都充满机遇。因此，培养学生寻找机会设计新东西、使用新技术并创造新未来的学习思维是非常重要的。

协　作

课堂环境应该能促进学生互动并方便个人及团队交流。学生参与协作有助于小组讨论并增强理解。

沟　通

在 STEAM 创造任务中，学生面临的挑战通常包括定义一个问题并交流解决方案。对学生们来说，交流彼此的理解、分享想法并把自己的作品呈现给他人就变得尤为重要。

关注伦理问题

当参与设计和工程时，学生们也需要考虑到自身之外的因素。他们需要考虑到安全性、可靠性、艺术性，以及社会和环境影响，这些对年轻的工程师来说可能都是新概念。

工程资源

工程教学资源（K-12）

http://www.teachengineering.org/whyk12engr.php

科学课堂上的工程思维习惯

http://community.iisme.org/lessons/display.cfm?lessonid=1909&fileid=9295

美国国家工程院"K-工程教育"

https://www.nae.edu/Publications/Bridge/16145/16161.aspx

儿童工程教育家

http://www.childrensengineering.com/freeresources.htm

弗吉尼亚儿童工程理事会

http://www.childrensengineering.org/technology/design-briefs.php

工程园

https://www.engr.ncsu.edu/theengineeringplace/educators/k8plans.php

工程思维习惯是你在为学校设计 STEAM 创客课程时需要考虑的习惯。一些组织采用了这些思维习惯并根据自己的需要加以调整；有些人围绕这些思维习惯的内核形成了自己的想法。在参观一所创新学校时，我看见了教室里的一幅海报，海报上写着（如下所示）：

我是：

- 有远见的
- 有勇气的
- 会协作的
- 有决心的
- 会反思的

这些特点是我们想在学生身上看到的。STEAM 和创造都有望开发创新者思维。当**有远见**的学生参与设计挑战或创造实践时，他们可以想象到尚不存在的事物并尝试实现它。**有勇气**思考者勇于尝试新事物并愿意分享想法。**会协作**的学习者既发展自己的观点，也从他人的观点中发现价值。**有决心**的学生可以更好地理解失败二字。当接受新任务时，学生们可能会遇到挫折，然而并非所有学生都将挫折视为学习的机会。学生需要在面临挫折时还坚持不懈地为实现目标而努力。这不就是生活吗？我们都会遇到障碍和挫折，但我们的反应决定了我们是什么样的学习者。通过**反思**，学习者会思考什么起作用，什么不起作用，并寻求反馈来改进。

STEAM 和创造不仅仅发生在学校。正式学习环境之外的其他组织也有助于培养思维习惯和年轻人的创造性。上面提到的那张教室海报源自伽利略营（Galileo Camps，http://www.galileo-camps.com/about/mission），这是一家旨在"让世上的创新者无所畏惧"的组织。他们的创新者思维将一切归结为这五个关键特征。

掌握创造和设计

拥有创新者思维使学习者能体验传统课堂以外的东西。"我希望孩子们失败。"迈克尔·佩恩（Michael Penn）说道。他是莎乐区 IKS 泰坦小学的首席教师。他鼓励学生迎接挑战，勇于尝试。他知道不是所有学生都会取得成功，但是事后的反思常常能产生新的收获。这些特点与创造的各阶段联系密切。

创客空间剪贴板

第一阶段：开始

当学生说："我不知道创造些什么。"

学生能做的是：头脑风暴、列出清单、计划、草图

思维习惯：主动参与

第二阶段：尝试

当学生说："我被卡住了。"

学生能做的是：调研、思考、和同学们沟通

思维习惯：灵活思考，保持开放的态度，接纳各种可能性

第三阶段：反复

当学生说："这不太对。"

学生能做的是：评估材料、获得反馈、调整设计、改良计划

思维习惯：坚持不懈

第四阶段：反思、寻求反馈

当学生说："我做完了，我喜欢我的作品。我不管别人怎么想。"

学生可以做的是：聆听、提问、沟通、反思、考虑其他可能性

思维习惯：接受反馈

本书将分享课程创意，方便教师开始 STEAM 创造。这些活动包含基本信息，之后可以扩展到更复杂的单元或更大的挑战。大多数内容只需要日常材料而不需要大量预算。最终目标是让这些"STEAM 创客发起者"向学生和教师介绍创造和设计的一些基本原则。

STEAM 创客发起者

课程：动起来！

目标：使用所提供的材料设计一辆可以通过空气动力在房间内移动的车。

时间：最少30分钟。

可能用到的材料：塑料水瓶（空的）、橡皮泥、厕所卷纸、防水胶带、吸管、绳子、瓶盖、气球、薄荷糖（中间有洞的）、橡皮筋、旧CD、纸板。

程序：在向学生提出挑战后，以个人或小组为单位制定他们车辆的设计计划。学生可以在记事本或白板上设计他们的模型。在选择材料之前，给他们大约10分钟时间考虑。为建造过程留出足够的时间。大概15分钟之后，你可能希望学生在制作模型前互相提意见。我们鼓励学生分阶段地制作车辆并进行调整。你可能需要在地上腾出一片区域供学生测试模型。

在所有模型都制作完成的时候，学生们可以聚在一起观看所有车辆的测试情况。大家可以记录哪辆车跑得最快、最远等。课程结束时，学生们要写下对设计过程的反思或者对成功或失败的反思。反思表格在附录G中。

你可以选择在课程开始之前、课程进行中或者课程结束之后向学生们展示例子。YouTube上有许多关于如何制造和测试这种车辆的视频（https://www.youtube.com/watch?v=3Dw6N0Tn_sU）。

评　估

对于教育工作者来说，将STEAM创客教育带入课堂的一个障碍就是评估。教师们一直根深蒂固地依赖纸笔和考试来决定成绩，所以不知道该如何将STEAM创造加入他们的评分簿。你可以考虑运用一些策略来评估这种形式的学习，但归根结底，如果你只关注教师手册并且已经复印了接下来五个章节的测验，那么STEAM创造可

能不太适合你。如果你思维开放但是需要寻找到一些有意义的途径来检测学习成果，就继续读吧。

> **学生 STEAM 创客**
>
> 利奥（Leo）是一个彻头彻尾失败的孩子。他为通过补考而纠结，他不交作业、逃课。他好像缺少学习动力，并可能会在4年级留级。他也没有展示出任何体育或者音乐上的特殊兴趣，没有人知道他的爱好是什么。他阅读也有困难，在所有课程中都很吃力，直到他进入 STEAM 实验室。
>
> 利奥的朋友邀请利奥一起去看看他正在做的东西。在参观完工作空间和一些制作材料之后，利奥问他的朋友，他可不可以用一些木工材料。实验室里的老师给他讲解了使用木工工具的要领。利奥戴上安全眼镜，很快开始摆弄一块木头。他展示出了对杠工具的娴熟掌握。当老师意识到他的能力之后，给他展示了钻头和锯。有了这些工具，利奥如鱼得水！
>
> 在之后的两周里，利奥每天中午都来实验室。他迅速吃完午饭，然后进行他的项目。利奥的第一个项目是制作一个有软垫的小椅子。接着他继续设计其他的项目，实现了自我价值。学术组很快发现利奥在一些科目上的成绩提高了。利奥找到了他喜欢并且擅长的东西。STEAM 创造对他来说是个突破，就像对许多其他学生一样。

兼容并包

STEAM 学习和创造适合所有人。这项实践的包容性使所有人，包括有缺陷的人，都可以参与进来。动手实践的性质使它很适合幼儿园到2年级的孩子们,他们从操作工具中获益良多。我观察过幼儿园班级的编织课及制作滑轮和杠杆课。在我们的家庭阅读之夜,有2岁或3岁孩子的家庭蜂拥到我们的工作室听故事,然后根据故事构造人物和场景。

这种方法对有特殊需求的学生也很有意义。能力不同、身体状况不同的学生都能在创客氛围或者STEAM学习空间内各展所长。像利奥(学生STEAM创客代表)这样有阅读困难的学生,可能在以书本为导向的传统课堂上比较吃力,但是在动手实践的环境下他们能展示的内容,要比在纸笔学习环境下多很多。

STEAM创造也可以让有身体残疾的学生参与进来。创客空间为满足学生的需求提供一系列的体验。珀金斯学习中心(Perkins Learning)为聋哑人或者有听觉、视觉障碍的学生分享STEM活动(http://www.perkinselearning.org/accessible-science)。

演讲与语言

其他有语言和演讲障碍的学生可以通过项目提高自己的能力。我们的演讲治疗师最近发给我一个她和三个幼儿园学生在我们工作室的课程视频。她没有在她的办公室纠正他们的发音错误、开发他们的语言表达能力,而是把他们带到了我们的工作室一起搭积木。她能够通过这个过程达成教学目的,比如提问关于"什么""在哪里""谁"的问题:

- 你用红色积木能搭建什么?
- 这块方形积木能放在哪里?
- 谁可能会住在你搭建的这个积木房子里呢?

对于有演讲和语言需求的学生或母语不是英语的学生,STEAM创造给学生们提供了在语言沟通之外的彼此交流、分享经验的机会。这些机会可能是开发学生语言能力的一个跳板,它给他们提供了讲故

事的素材。

英语学习者（ELL）

创客空间也是母语非英语的学生的突破口。和英语学习者一起搭建一个过山车或者设计一个桌游都是分享经验和创造交流机会的好办法。动手实践和小组合作中的学习也都有助于英语学习。STEAM 创造能够给英语学习者提供在开发语言能力的同时参与到有趣的学习过程中去的机会。

对一些学生来说，是学校使他们失败。有限的课程、标准化的项目和不灵活的时间表经常无法满足有学习困难的学生、自闭的学生、有语言和演讲障碍的学生或者正在学习英语的学生的需求。STEAM 和创造则能给所有的学生提供切实的可能来参与到构建、设计和创造过程中去，并且能照顾到个人的学习目标。

患有自闭症的学生

患有自闭症的学生经常能从 STEAM 创造的经验中受益。那些有社交困难、交流障碍或需要感觉输入的学生通常都喜欢光顾 STEAM 工作室。一些学生真的在那里找到了适合自己的方式。自闭症有很多种不同的表现方式，动手实践的学习方法可以真正满足这些需求。马克斯（Max），一个有自闭问题的学生，在他学校的 STEAM 创造项目中获得了成功。

马克斯很腼腆。他时常听不懂社交中的暗示和潜台词。虽然他有一些朋友，但他们并不总是带他一起玩。在 STEAM 工作室中就完全不一样了，他是队长。他知道工作室中所有工具的用法。他可以解释任何复杂的编程项目并且是常驻机器人专家。所有的学生都向他请教。在这个空间中，他的自信不断增强。随着他自尊的增长，马克斯和伙伴的关系也越来越好，他的课堂表现和社区表现也不断变好。他甚至开始辅导年轻一些的 STEAM 创客了！我经常会想，如果马克斯没有这样的机会，如果学校没有这样的角落来供他发挥，那么马克斯会怎样。

技术往往能吸引患有自闭症的学生。许多学生使用的一个工具是"我的世界"（Minecraft）。虽然这个在线游戏可能看起来只是一个电子游戏，但它确实为所有学生提供了利用他们的想象力并开发解决问题技能的机会。在游戏中，他们创造了一个 3-D 世界。学生在探索虚拟世界时可以培养掌控感和规律感，这使许多类型的学习者受益。学习和编写代码通常是患有自闭症的学生的最爱。

STEAM 和创造是许多学生尚未开发的机遇。随着越来越多的学校和学生尝试这些领域，问题也逐渐开始出现。一个突显的问题是评估。教师们怎样评估这种类型的学习？这种类型的学习是否需要正式评估？我们会在我们的报告上面看到"创造"两个字吗？我们怎么衡量学生对 STEAM 和创造的理解和掌握程度？在公立教育中，我们知道责任是不可避免的，因此探索如何评估这一新知识很有必要。

创建一个徽章系统

课堂上的徽章可能会成为很有效率的学习工具（Ash，2012；Pearson，2014）。徽章系统，无论是数字徽章还是实物徽章，都关注特定目标。实物徽章不是一个新想法，童子军们已经用了几十年。如果你想要赢得厨艺徽章，你就需要做些菜。如果你对缝纫徽章感兴趣，那么你需要缝点什么。边做边学，是对学生和教师都有效的方法。

徽章可以形成一个合作的学习环境，加深学生的理解并为学生提供专门和及时的反馈（Cengage Learning，2014）。想提高学生的认可度？徽章就可以！它使学习者在一个问题上学得更深入，并且展示出

对那一方面的理解。当学生为获得徽章而努力的时候,他们会调整、修改然后再次提交作品,以达到预期的水平。因为需要展示出熟练度,所以这种方法能促进对任务的深入学习。这也是学生展示自己所学的一种方式。在得到徽章之后,学生就成了那个任务的专家。

学生 STEAM 创客

麦迪逊(Madison)有许多在家缝纫的经验。她明白如何安全地运用材料并把自己的技能展示给老师。在学校,她很快就拿到了手工缝纫徽章和缝纫机使用徽章。她手工缝了一个小枕头,并使用了不同的针法。她使用缝纫机做了个围裙。她让绕线器来回穿梭,以改变自己作品的颜色。当在学校的创客空间完成了这个作品之后,她还向同学们展示了几种不同的技法,并且在同学们遇到困难时,她会帮助他们寻找问题的解决方法。

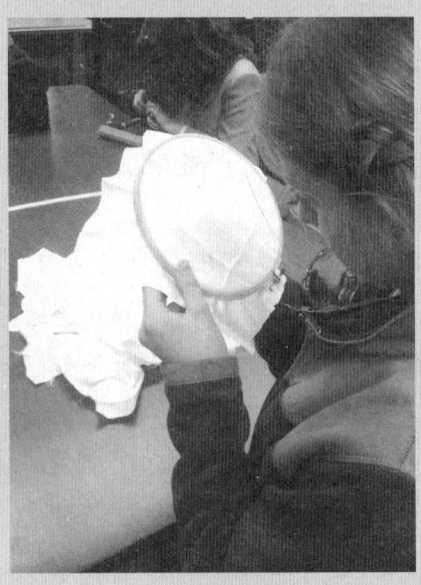

STEAM 创客在缝纫制作

实物徽章

克拉夫顿小学的 STEAM 工作室开始使用实物徽章系统来反映学生对新工具的使用。有人担心一些工具可能会带来危险。如果没有教师的直接监督,那么学生怎么展示他们在工作室的工作能力?通过讨论决定,学生需要满足一定标准来展示他们使用各种工具的熟练程度。这些标准确保学生在展示技能的同时,必须遵守安全准则。该工作室公布了学生获得的徽章清单,以便所有工作人员都知道谁能够使用这些工具。许多学生自豪地佩戴徽章作为他们成就的象征。很多学生 STEAM 创客获得了围巾、项链和别针。附录中包含了学前班到 6 年级学生的徽章样式和标准清单。(您可以在附录 A 中找到实物徽章的示例。)

数字徽章

数字徽章也很流行。这种在线学习新知识的方式使学习者无论身在何地都能接触新知识。徽章是通过正式或非正式途径记录和追踪学

数字徽章

习进度的一种方式。在 2013 年，《哈佛商业评论》称徽章是值得注意的四大流行发明之一（https://hbr.org/2012/12/four-innovation-trends-to-watc.html）。高等教育、商业和社区组织都认识到徽章在中小学之外的潜力。莫兹拉基金会（The Mozilla Foundation）开发了开放徽章（http://openbadges.org）来收集、发放和展示数字徽章。

学习之城

通过徽章来学习可以发生在任何有电子系统的地方。在芝加哥，梅厄·拉姆·伊曼纽尔（Mayor Rahm Emmanuel）市长开展了暑期学习活动，让学生在学期结束之后可以继续学习。全市努力为年轻人提供学习机会，人们在 2013 的夏天共收获了 15 万枚徽章。全市通过各种正式或非正式场合探索了 1 000 多种不同的学习方法。匹兹堡、华盛顿特区、哥伦布、达拉斯和洛杉矶等更多城市在 2015 年纷纷加入进来。

小　结

课堂上的徽章既可能提高学习质量，也可能导致失败。徽章之美在于虽然学生可能会遭遇失败，但他们仍然可以继续学习直到他们得到徽章。他们可能需要多尝试几次，但只要持之以恒，就一定会得到！

在我思考本章标题的时候，我考虑过读者们是否会看到"失败"就有一种负面的感觉。尽管许多教师正在保护他们的学生免于失败，但实际上失败是学习的重要一环。想一想，即刻的成功究竟教给学生的是什么？当然，它会带来满足感并且能构建信心。但是一旦面对复杂挑战，而且这个挑战需要很多步骤和大量的思考才能解决，学生应该怎么办呢？学生会很纠结。我们需要让学生失败，这听起来像是惩罚。但事实上，我们需要给他们机会来争取那些来之不易的东西。这就是我相信 STEAM 创造可以成为有效学习策略的原因。现在的学生需要接触到那些不是"在书本上就能发现"的问题。他们需要机会来提问、争论、定义、辩论、调研和答辩。这些会在平时的课堂上发生吗？如果会，那么你已经领先了一步。如果不会，请继续阅读。你将会在接下来的几章看到创新型学校的例子。那些例子也许可以在你的学校复制，也许会给你一个如何让学生在你的学校成功的新想法。

第三章 失败

思维拓展

我怎样让学生有机会失败并鼓励他们坚持?
_____
_____
_____
_____

我应该怎样把思维习惯融入我的教学中?
_____
_____
_____
_____
_____

如果有一名学生在正课上比较吃力,那么要如何运用 STEAM 和创造来满足他或者她的个人需求?
_____
_____
_____
_____
_____

在我的学校或者教室,该怎样运用徽章作为评估方式?
_____
_____
_____
_____
_____

第四章
联　结

艺术家同时也是抚育者和创造者，他知道在创造的过程中需要合作。我们不独自创造。

——玛德琳·英格

第四章 联结

走廊尽头的一间吵闹的教室的地上坐着一群3年级的学生。他们中的一些在争论，一些在地上爬行，视线所及之处没有老师。这并不是教室管理灾难。学生正坐在地上测试他们用了几周时间搭建的桥梁模型。学生中的一些在改进他们的项目，另一些则在讨论如何能加固桥梁底部使之更强大，以迎接即将到来的挑战。老师也坐在地上，正在和学生讨论。学生们从头到尾都很投入地参与到他们设计团队的合作中。

挑 战

- 3~4人一组一起作业。
- 运用一系列可重复使用的材料来搭建一座桥，看哪一组的桥承重最大。
- 做好准备展示自己的设计，解释你的选择，并与团队分享你所面临的困难。
- 在班级博客上写一篇博文，并且至少对其他一组的博文进行回应，谈谈自己从此次任务中学到了什么。

这节整合课程的例子运用数字工具，联结了数学、科学、工程、口语、听力和写作。在桥梁搭建之前，老师邀请了一位当地的土木工

程师与学生讨论桥梁承重设计。这创造了教学内容与真实职业的联系。学生学习了不同类型的桥梁：梁桥、桁架桥、拱桥和悬索桥。这些单元的学习还丰富了学生的词汇，因为这些八岁的孩子展示了对关键内容——拱、梁、桥板、柱、固定拱、基础、门户和支柱的理解。由于学生生活在有许多河流和桥梁的小镇，因此他们很快就能将这些知识与他们所居住的社区联系起来，他们还去参观了当地的桥梁，调研了世界各地其他著名的桥梁。这是学生能在小学阶段接触整合教学的鲜活例子。

可以说，这个例子仅仅关于 STEAM 教育。本课程提供将数学、科学和工程的内容联系起来的动手学习。艺术包含在学生所接触的文献和桥梁设计美学中，美学既是桥梁设计的一个目标，也包含很多有趣元素。科技包含在学生对桥梁的研究以及班级博客上的文献资料中。所以这到底是 STEAM 还是创造？如果向学生提供包含经过预先测量的木板、塑料连接器，以及最终产品的图片或示例的桥梁建造套件，那么它可能被视为 STEAM 教育。还有一种情况，教师允许学生探索各种形状和大小的材料，以得出他们选择的模型。有些人甚至梦想将金属件焊接成桥梁。其他人则想采用冰棒棍和胶水走比较传统的路线。标准确实存在，但它只是为学生提供任务目标，学生可以使用所有他们认为合适的材料自由建造。这种体验的开放性让我将其归为 STEAM 创造。

根据我的经验，STEAM 和创造的交汇点是最有创造力的部分。在过去的几年时间里，我努力将这两者融入小学的教学实践中。我们的团队采取了很有实际意义的方法来将课程以及我们在 STEAM 中开展的工作联系起来，并将它们全部与创客教育的理念联系起来。STEAM 和创造持续地改变着学习方法，学校正在寻找创新的方法将这些项目整合到课程中。下面是我们学校走过的路。

创新学校：克拉夫顿小学

墙上刷了显眼的蓝色油漆，挂着学生的照片和作品。灵感来自亚历山大·考尔德①的动态雕塑悬挂在天花板上。角落里摆放着一个学生设计的路比戈德堡机械（Rube Goldberg），学生在那里准备修改模型。房间四周的小角落都配有独特的家具。霓虹绿色凳子，未来派黄色摇椅和亮蓝色沙发为学生提供了舒适的学习空间。箱子和架子装满了纽扣、布料、木片、电机和 LED 灯。从你进入房间的那一刻起，就能意识到这不是一间普通的教室，而是一个独特的空间。在这里学习是件有趣的事！

沿着墙是一排电脑。学生经常在"开放式工作室"时间（午餐和休息时间）进来。他们使用 Scratch 创建动画故事或在"我的世界"中构建他们的数字世界。从简单的到非常复杂的各种机器人套件填满了大型橱柜。有些学生在摆弄这些东西，有些学生在阅读手册，还有些学生直接参与进来，设计计算机程序。许多学生发现他们能够创建手册中没有的独特结构和程序。

克拉夫顿小学是一所小型社区学校，约有 350 名学生。从外观上看，这所学校以优雅的建筑细节展现了它的 100 年历史，但从内部看，学校里面有着丰富多彩的教室和现代技术。这是一个充满活力的学习场所，充满了热情的学生和专注的教职员工，它坐落在一个重视教育的小社区。在 2010 年，学校开始了新的教育冒险。

首先是匹兹堡的一个主要资助组织提出了资助提案的需求，这引起了校长（我）的兴趣。该提案正在寻找有兴趣整合科学、技术、工程、艺术和数学，并希望试行一些创意计划的学校。我们提

---

① Alexander Calder，美国著名雕塑家、艺术家。——译者注

交了一个经费申请，这使我们成为整个地区拥有早期 STEAM 学习空间的机构之一。

克拉夫顿小学 STEAM 工作室为学生提供了进行批判性思考、协作和以丰富的技术方式创造真实产品的机会。在这里，学习促进创造力发展、开放式探索、解决问题和对现实世界的调查研究。在过去 4 年中，这个空间随着教师指导实践的变化而改变和转化。这间工作室曾是一间空荡荡的教室，而现在它是学前班到 6 年级（K-6）学生及其教师的活力空间。以下部分是学校在几年时间里将 STEAM 和创造融入实践的过程。

第一年

第一年，学校获得了 10 000 美元颇具竞争力的资助经费，用于将 STEM 融入学校。那一年，教师们与卡内基科学中心（Carnegie Science Center）合作，把探索性的实践学习带入课堂。科学教育工作者在讲授物理学、生物学和工程学的同时，让学生参与实验，并努力解决问题；通过对天气、水循环、气压和地貌等的研究活动，探讨了地球和空间科学问题。

将这些学习机会与提高读写能力的需求相结合，数学和科学方面的非虚构类图书被添加到学校的分级图书馆。这种联系鼓励教师在日常讲课过程中注入更多科学内容，这部分内容由于前些年标准化考试的压力而被忽略了。当主动学习任务与有趣且大信息量的文本搭配时，学生更积极地参与阅读。因为学生需要成为专注的读者，所以这个措施成为之后教学的重要组成部分。

为了让学生可以在课堂上参与视频会议，学校还购买了宝利通（Polycom）电话。当时，当地一所大学正在开发通过远程学习技术实现基于问题的学习挑战。这些被称为虚拟任务的模拟将 STEM 主题集合到令人惊奇的互动学习体验中。现在，全国各地的学校都与这所大学建立了联系，为学生提供这种方式的学习。威灵耶稣大学继续为3~12年级的学生开发虚拟任务。其网站http://www.e-missions.net提供相关计划信息，并共享虚拟任务视频。宝利通电话将学生和老师与全世界的教育工作者和专家联系起来。对于我们来说，视频会议既是有效整合内容的一种方式，也是将学生与世界联系起来的一种方式。

视频会议

史密森国家航空航天博物馆

学生可以坐在教室里和史密森国家航空航天博物馆的工作人员和出色的志愿者们进行互动。

(http://airandspace.si.edu/explore-and-learn/educator resources)

野生动物保护协会

野生动物保护协会提供与布朗克斯动物园的视频会议等教育内容。

(http://www.wcs.org/teachers/distance-learning.aspx)

美国国家航空航天局线上学习网络

美国国家航空航天局线上学习网络通过线上交流系统把教师和学生与美国国家航空航天局的专家和教育家联结在一起。

(http://www.nasa.gov/audience/foreducators/#.VBBiHsJdWul)

科学和产业中心（COSI）

科学和产业中心把年轻人和各领域的科学家、博士、专家联结在一起。

(http://www.cosi.org/educators/educator-ivc)

学校联盟

它是世界上各类学校的联盟，它有一个清晰的目标：到2016年将全美所有学校与世界联结起来。

(http://www.connectallschools.org/home)

所有年级的所有班级都能够使用该技术来促进科学、社会研究和数学学习。学校已经为学生举办了和圣地亚哥动物园、印第安纳波利斯动物园、烛台公园，黄石国家公园和大峡谷的视频会议。该设备还被用于与其他州及其他国家的教室连接，与远离克拉夫顿的儿童进行交流。使用视频会议设备也使得与像罗伯特·蒙施（Robert Munsch）和马克·布朗（Marc Brown）这样的作者和插图画家的交流变得更加容易。作为教师的工具，该技术也被用于全年的专业发展和培训课程。从那时起，数百个组织为学生创建了视频会议计划。

STEAM 学习展示

我们的第一年以一个特别的活动结尾：在学区内分享我们的工作。我们举办了一个学习展示活动，以展示学生在STEAM工作室中所做的项目。第一年，数百名学生、他们的家庭和社区成员参加了此次活动。除了当地学区外，我们还邀请了其他学区到学校考察项目活动。每个年级的学生和教师都展示了项目，班级也进行了演示。除了演示视频外，还有一些学生则在展示期间参加了现场视频会议。

这次活动引起了轰动，引起了对学校的积极关注。很快，其他社区和业务合作伙伴参与了STEAM计划。更多的家长要求做志愿者并参与学校活动。教师也开始产生新的想法。获得更多当地资源并让父母参与STEAM计划有助于该计划的进一步发展。

例如，一个4年级学生的父母在拜耳公司工作，拜耳公司通过

"让科学更好理解"计划支持 STEM 教育。这项免费的实践计划由拜耳员工提供,他们自愿花时间支持当地学校。(谷歌和其他公司要求员工在办公室以外的地方做志愿者。看一下你所在地区的哪些组织也鼓励员工提供服务。)学校有一个工作站,在展示期间以及整个学年都利用了拜耳计划。更多有关信息,请访问拜耳公司的网站(http://www.msms.bayer.us/MSMS/MSMS_Home.aspx)。

因为另一位家长与匹兹堡平板玻璃工业公司(Pittsburgh Plate Glass Industries,PPG,http://corporate.ppg.com/Innovation/Science-Education.aspx)有密切联系,学校得到了一笔机器人方面的科学实验项目经费。这已经成为一项年度活动,上午学生参加互动集会,下午参与动手实践学习工作站的活动。工作站中有家长和社区成员帮忙提供服务。每年的主题专注于科学的一个方面:色彩、光、环保、地质学、机器人等。

拼接电路巡逻车

第一年结束时,整个学校的基调开始发生变化。我们正在蓄势待发。教师们开始研究如何将更多科学和技术引入教学中来。他们利用共同备课时间,尝试更加综合的教学方法。他们也开始考虑将可能的技术引入课堂。作为一个团队,他们共同寻找资金来源和资助机会。在新学年开始之前,健康教师、体育教师以及阅读专家获得了他们的第一笔教育补助金,用于资助其他创新计划!

学生如何评价STEAM

学习STEAM非常重要,这样我们才能在未来有很多工作机会,才能从事我们喜欢的工作。

——泰勒,12岁

在21世纪,许多工作要求具备STEAM能力。

——娜塔莉,11岁

我通过电子任务和卡内基科学中心了解到,通过团队合作,你能更好地完成任务!

——布兰登,10岁

我学到了许多关于科学和空间的知识!STEAM真的都很有意思,我希望我们明年还能继续。

——萨姆,10岁

第二年

虽然克拉夫顿小学正朝着正确的方向前进,但是教师们缺乏资源来继续向前。虽然宝利通电话是个很有用的工具,但是它只有一个。一些教师的教室中甚至都没有电脑,更别提其他设备了。当意识到在课程里增加科技内容的重要性后,该学区开始在教室中增加普罗米修斯电子白板（Promethean Boards），地区基金也被用来为一些教室采购学生用的笔记本电脑和照相机。当教师们熟悉并成功使用这些工具之后，对这些工具的需求也随之增加。他们一直在寻找能激发学生对科技的兴趣的方法，但是该地区的资助只有这么多。

一笔小额赠款被用于为几个教室购买无线投票系统（actiVote），它可以将技术与评估相结合。这种系统使教师能在课堂上随时根据学生的进度和回答进行评估，并根据学生的具体需求量身定制课程。学生喜欢这种新颖的设备，它似乎能激励他们的参与积极性，但新颖性是问题的一部分。学生的这种兴趣正在消失。正是在这段时间里，我们意识到只有技术还不够。为了保持创造力，教师需要掌握各种工具和技能。专业发展需要评估，学校需要确定学生和教师感兴趣的领域。学生调查显示，学生对建筑和机器人技术很感兴趣。他们在家里的 iPad 上使用很多应用程序，但在学校里他们却无法使用这些工具。当时教师对 iPad 的了解有限，而且很难弄清楚如何将这些兴趣纳入现有课程。（附录 B 为开办 STEAM 或创造课程的学校提供了一份示范发展计划。）

此时，嘉宝基金会和班尼登基金会正在寻找能够创造专门学习空间的学校。这也正是 STEM 转向 STEAM 的时候。基金会向匹兹堡附近的五个学区颁发了 2 万美元的赠款。我们提交了一份提案，其中包括打造专门用于 STEAM 学习的空间的想法。我们使用这些资金为学生和教师购买了在 STEAM 工作室使用的材料和设备。最初，我们购买了许多商业材料，比如很多人很熟悉的科乐思积木、乐高和 Snap Circuits 电路探索玩具，这为完全不懂设计和工程的人提供了一个很容易的入门方法。我们也在德国慧鱼创意组合模型（fischertechnik）网站（http://www.fischertechnik.de/en/Home.aspx）上购买了一些高级机器人套件。课堂上的 iPad 和当地中学的职业发展使学生和老师都能参与进来。

科乐思积木

我们的最初目标是在下面这些领域创造机会：

- 机械和结构。
- 科学探索和数据收集。
- 出版和多媒体。
- 机器人。
- 电路。
- 计算机模拟。

学生使用科乐思积木建造桥梁、车辆和游乐园的游乐设施。使用这些儿童友好材料，学生真正开始建立工程和设计基础。虽然对外人来说，这些"只是玩具"，但是使用这些材料能够帮助学生真正看到在课堂上学到的东西与现实世界之间的联系。他们开始了解桥梁的建造方式以及如何构建具有承重能力的模型。学生还使用电路玩具探索系统和电路。作为科学课程的一部分，现在一年级学生正在通过创建闭路电路来探索和展示基本电路知识。橡皮泥电路玩具（Squishy Circuits）是初级班学习电路基础知识的良好开端（http://www.makershed.com/products/squishy-circuits-kit）。

其他学生利用在工作室的时间探索机器人技术，这对大多数人来说是一个全新的机会。乐高 WeDo 套件让学生使用熟悉的产品，然后创建代码给模型编程。例如，一组学生建立了一个挡风玻璃雨刷模型，然后对其进行编程，使之延时启动、以一定速度擦拭、暂停，然后重新启动。另一组学生建立了帝国大厦的模型，并使用传感器对灯进行编程以使其闪烁。

虽然所有学生都有机会和他们的班级一起参观STEAM工作室，但还是有许多学生放弃了他们的午餐和休息时间来共同完成项目。一组6年级男生制造出遥控车和障碍赛道来进行比赛。另一组学生花了数周时间拆解了微波炉和其他小家电。他们对内部交互非常感兴趣。（注意：确保你的学生知道什么可以用，什么不能用！一台贴有"故障"标识的教室电脑意味着其正在等待计算机技术人员来修理。一名学生却认为这意味着他可以将这个当作游戏玩，很快便拆开了硬盘。）每个月，除了在工作室一起度过的时间之外，我和中年级学生还会一起举行午餐会，并提出设计挑战。学生可以进入工作室准备他们的项目，一直到挑战日来临。挑战包括建造路比戈德堡装备、棉花糖牙签桥和大理石跑道。

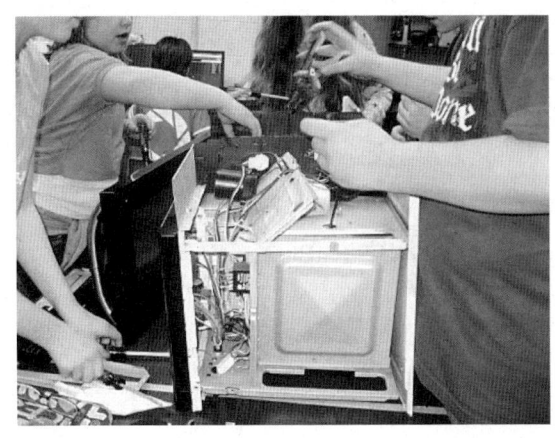

拆解微波炉

学生对工作室里的活动非常兴奋。一组学生请求多开创一些针对初中的项目，好让他们进入初中时可以参加！这不是学生采取行动的唯一例子。另一组学生决定将他们的STEAM制作经验用于帮助他

人。两个 4 年级的学生研究在工作室里探索制作可穿戴艺术品、装饰品和钥匙链。他们来问我是否可以在午饭和休息时间售卖他们制作的物品。为了回馈社会以及表达对动物的爱心,学生决定将部分销售额捐给国家野生动物基金会,帮助防止大熊猫灭绝。企业家精神的早期发展是我们持续鼓励的方向。

一个意想不到的结果是,学生开始以非预期的方式使用材料。他们拿走科乐思积木的组块并将它们添加到机器人套件中。他们把 PVC 管道添加到大理石跑道上,它可以触发电路设置中的一个开关,以响铃结束他们的比赛。到 2013 年年底,学校开始将工作重点从商业材料(科乐思、乐高和电路玩具)上转移。虽然这些商业材料是学生学习的良好切入点,但学校开始转向使用"真实的东西"。匹兹堡的创客商店和加利福尼亚的点燃创意学习工作室(Ignite Creative Learning Studio)是 STEAM 工作室新的灵感来源。

在这个夏天,我提交了另一项关于提供移动创客商店场地的提案。那年 8 月,我们的教师团队参加了一个"创客训练营",那里提供木工、数字动画、缝纫和焊接方面的专业培训。这种经历与教师们过去参加的任何培训都不同。那年秋天,团队重返校园,准备在课堂上应用新的创造经验。

第三年:创客商店之年

因为教学楼内部要装修,所以 STEAM 工作室不得不搬到了其他地方。有混凝土地板的另一个空间最终成为第三年工作室的理想地点。我们还被选为创客商店的一个移动站点,当地创客每周会过来指导一次。创客商店的教学艺术家每周四来访,不仅带来了他的专业知识,还带来了对学习的热爱。他有好奇心,会鼓励人,而且要求高。"当你给他们东西去创造时,没人会耸耸肩视而不见。你无法打败那些全心全意参与的人"，这是他的口头禅。他带来的材料让我们都动了起来。他带来的不是机器人套件或者商业材料，而是真正的工具——从热熔胶枪到电池、电机、锤子和锯子，他坚信创客们应该尝试使用真正的工具。作为学校，我们逐渐发现哪些创造适合我们现有的STEAM教学。

机器人技术和编程

教学艺术家在"午间学习"时间和放学后的时间为教师们提供专业发展课程。他利用上课时间与课堂教师一起进行团队教学，并提供宝贵的教学指导。他与教师一起进行头脑风暴，发展与课堂讲授内容相关的实践项目。作为学校，我们开始更加刻意地寻找STEAM教学与课程大纲的关系，分析我们的阅读计划，并重新审视我们的测试准备材料。可悲的是，这是公立教育中不可避免的现实，我们的目标是使学生为国家测试所做的准备更有意义一些。一本标准化的测试工作手册中有一篇关于亚历山大·考尔德的文章，这变成了在工作室设计和创造动态雕塑的一个单元。3年级教师手册中海龟的故事变成了一个海龟栖息地项目，在这个项目中，学生需要用纸板和其他可回收物建造海龟模型。4年级学生根据在数学中学到的几何知识设计了万花筒。这些都不是用工具包或模型包制作的。学生以真实的东西进行创造。在短短一年里，我们从使用商业材料转向使用可回收材料和家

庭废料进行 DIY。在第四年，我们将以 STEAM 创客的方法将两者结合起来，该方法重视 STEAM 的整合性和真实的创造经验。

教师们怎么说？

午餐时间，我和几位教师谈论了 STEAM，努力在这样的教学转变中了解教师的真实观点。当我们开始回顾 STEAM 创造之旅时，健康与体育教师乔希·菲克瑞利（Josh Ficorilli）比较了他在本科期间接受的教育和现在教师们参加的课程。他说道："我们基本是重新学习。"4 年级的老师安德里娅·麦基（Andrea Mackey）也表达了相似的观点："我们在大学里接受的教育是，如果你想要孩子们做什么，那么你先要给他们做个示范，让他们照做。孩子们也习惯了按照这样的示范去模仿，但我们需要改变这种教学方法。"雷斯尼克和罗森鲍姆（Resnick and Rosenbaum，2013）提醒 STEAM 创客教育工作者避免使用手把手教的方法，因为它会剥夺学生的创造力和原创性。其他几个教师也加入进来，回忆起类似的经历。通过 STEAM 创造，我们推动学生发展创造力并发散思维。如果每个人都在模仿老师所呈现的鸟巢模型，创造就不会发生。虽然我们过去更重视结果，但现在的教学转变为更重视过程。

> 当校长第一次告诉我们的时候，我们觉得这想法很疯狂。但当我们看到孩子们成功了的时候，就知道这很有用。
> ——4 年级教师阿德里安娜·莫纳汉（Adrienne Monaghan）

5 年级教师梅根·德特林（Meghan Dettling）觉得 STEAM 和创造的整合使学生获得多样化发展，"能帮助学生看到他人做了些什么"。她接着分享了学生在 STEAM 工作室中的表现，一些学生成了团队领导，一些学生在其他岗位找到了自己所擅长的领域。那些平时不崭露头角的学生也主动起来，其他学生则找到了自己的兴趣并越做越好！

最难的是哪部分？

"你必须接受没有指导方案这件事。"德特林解释道。把控制权交到学生手里，对很多教师来说很难。把事情交给十岁的孩子自己去完成是有风险的。德特林女生和她的同事开始转变教学方式。她们主要专注于三个主要方面：

- 改变提问的方式。
- 开发促进合作的课程。
- 把各个科目整合成可以动手操作的项目。

从这些变化中诞生的一个项目是后院设计挑战。在这个由5年级团队创建的项目中，教师将现有数学教学单元转变为一系列任务。这些任务与一个虚构的家庭有关。学生将围绕家庭解决各种问题——每周去杂货店采购，计划孩子的生日派对以及重新装修房子。教师不在手册中提供面积、周长和体积等传统数学单位，而是将同样的内容放入现实世界场景中。学生通过确定家庭需要为起居室购买多大的地毯来开发对尺寸的理解，根据家装店的广告来决定哪个涂料品牌能够为重新粉刷厨房提供最优惠的价格，根据利率计算折扣并就家庭是否应使用信用卡进行辩论。

这一年以"终极后院挑战"而告终，这是一个集合了数学技能和团队协作能力的团队项目。任务是设计满足虚构家庭需要的后院空间。院子需要围栏，要有露台和儿童玩耍的空间。团队制作了草图，确保计算准确。一旦草图"获得批准"，团队就会前往STEAM工作室开始建设。（允许学生从家里带材料，但不能带任何预制物品。例如，团队不能使用儿童家具；他们必须自己制作。）

学生们设计的户外空间满足了所有要求，同时又具有他们独特的风格。一组增加了照明，另一组创建了地下游泳池，其他人建造了微型秋千、户外家具甚至温室。由于项目有指定时间表，因此团队必须

靠合作才能完成。随着截止日期的临近，团队开始准备展示他们的设计。每个小组都被要求向一个"专家小组"汇报，这个专家小组包括一名总承包商和一名室内设计师，他们两位都是来自我们社区的志愿者。展示还必须包括技术元素。几个小组为他们的设计制作了商业广告，而另一些小组则将技术集成到物理模型中。其中一组制造了电动旋转木马，这是他们后院设计的核心。学生们描述了他们的模型，展示了他们设计的独特特征。在选择获胜设计之前，专家小组向每个小组提供了反馈意见。后院设计项目已经成功举办了三年，现在是每个5年级学生最期待的事。

STEAM 创客教育

"这是一种新的教学方式，需要时间来适应"，4年级教师阿德里安娜·莫纳汉表示。这些教师还说，这是一种新的学习方式。5年级的老师安娜·科斯特里克（Anna Kostrick）解释说："我们第一次成为专业发展课程的创客，完全不习惯！所有人都需要适应……"

> 事情改变起来可能会很慢。如果没有自主性，教师们就很难去尝试。
>
> ——杰西·谢尔，谢尔游戏 CEO

教师们通过地区在职培训、午餐和课后学习班等方式接受持续的专业发展培训。他们还在学校之外探索专业发展，并通过创客商店的创客训练营进行学习。这个为期一周的项目对新接触创造的教师来说是绝好的专业发展机会。这是一个关于缝纫、木工、电子和数字创造的速成课程。教学艺术家将参与者推离舒适区去学习新的技能，同时也培养他们养成创客思维习惯。

尽管 STEAM 和创造听起来有趣，但是许多人不知如何在课堂上应用。"你不得不去想，这么做有用吗？在有这么多外界压力的情况下，把时间花在这个上面真的可以吗？"特蕾西·亚历克丝（Tracy Alex）老师质疑道。她最开始对于 STEAM 结合教学是犹豫的，但当她看到孩子们能做出什么之后便完全放下了疑虑。

学习定格动画

健康与体育教师菲克瑞利说："当你要我们把它融入课程的时候，我觉得你简直是疯了！怎么可能在体育课上编程呢？怎么能把这个跟体育结合在一起呢？"他与其他老师合作为"编程一小时"（实际上更像是编程 100 小时，而不是仅仅 1 小时）设计了一个全新的单元。他利用学生已经在课堂上学习了基本的编程这一优势。他们使用的程序来自 Code.org 网站，这个网站为他们每周的体育课提供了基础。以"我的世界"为主题，菲克瑞利将健身房改造成一门课程，学生需要通过编写代码来引导他们的团队在虚拟世界中生活。

阅读专家苏珊·科斯科（Susan Kosko）对于偏离课程、冒险进入 STEAM 和创造领域持谨慎态度。当被问及她认为本书应该包含什么内容时，她说："我认为你需要在附录中加入许可书。教师需要知道他们可以尝试不同的事情并发展创新思维。让校长在许可书上签字。"（感谢科斯科夫人的建议，附录 D 中我们放置了一张许可。将它交给你的校长或主任并获得批准，以便能够开展 STEAM！）

过去几年，苏珊一直将学习与世界联系起来，她相信"这能改变

一切"！她将"与真实世界"的联系作为她课堂上的首要事项。她与大峡谷进行视频交流，并参加了全球朗读活动，她一直在寻找机会，让她的学生能够超越学校的藩篱思考问题。在第六章，有更多她创建全球联系的事。

教师们不是盲目地跳上了这艘船。"确实存在冲突——这不是我们的孩子接受测试的方式。"杰茜卡·比格勒（Jessica Bigler）提醒小组。随着《共同核心州立标准》的推行以及整个4月份标准化考试的实施，教师们明白了这也是他们责任的一部分。在比格勒的2年级教室里，她找到了一种既能拥抱创新同时也能让学生准备标准化考试的方法。受凯文·亨克斯（Kevin Henkes）的畅销儿童文学作品《莉莉的紫色塑料钱包》的启发，她在教室中创建了"灯泡实验室"。学生可以在这个创意角里面进行探索和设计。每周大约半小时，学生以小组形式参观实验室。学生们为动物园的围栏设计了草图，制作了自己的书，并建造了塔楼。这个专门让学生追求自身兴趣的课堂角与同事安娜·科斯特里克所负责的项目有关。

STEAM 创客：创新教师

作为校长，我一直鼓励教师在推特上活跃起来，当时5年级的教师安娜来到我的办公室。"你怎么看待这个'天才一小时'活动？"她在课堂教学方面灵活且有创意，她开始关注社交媒体上的关于"天才一小时"活动的内容。这个活动是从"谷歌20%时间"活动衍生出来的，鼓励学生每周利用一小时时间追寻他们感兴趣的内容。"你觉得这个活动怎么样？你会帮我吗？"安娜和我讨论了这个计划在她的课堂上如何实现，她如何和学生及家长沟通，以及她需要些什么来开始这个计划。

安娜浏览了一些教育博客，并在与班级分享这个想法之前做了初步的准备工作。她决定学生需要有明确的研究问题以及详细的研究记录（以确保学生认真负责）。秋天，她推出了自己版本的"天才一小时"活动。学生在获得教师普遍认可的情况下选择主题，并在每个星期三下午花一个小时来研究、提问、发现、反思并追寻自己的兴趣。随着项目的发展、变化和成长，她为学生项目请来了导师——一位芭蕾舞教师、一位来自PNC球场的工作人员、一名研究员。一名学生研究了她的祖先，追溯了在他之前的几代人，并在埃利斯岛找到了一些证据。另一名学生研究了舞蹈的历史，并将其表演出来作为她探索的高潮。

根据年级层次或学科领域，每位教师采用了不同的方法来应用STEAM和创造。虽然每个人选择了不同的路径，但至少都承担了风险。最后，学生的参与度都得到了提高。我们谈话的最后一点是从小处开始。所有老师都同意"专注于一件事"。在你最喜欢的阅读故事中加入创客活动，或者在下一个数学单元中添加建造方面的挑战。附录C有一张可以帮助你入门的图表。

第四年

随着大楼装修工作的最后阶段（新办公室和安全入口，新地板和空调系统）即将完成，STEAM工作室再次搬迁！〔这表明创客空间或学习实验室（无论你如何称呼它）是可以灵活组合甚至移动的。如果你的空间需要移动，那就移动吧！〕我们将家具、储物柜和工具移到新房间。空间更大、存储空间更大是理想的选择。我们还在门外添加了可以擦写的日历。每个班级都可以根据自己的课程表登记预约使用这个空间。虽然没有设定任何要求，但大多数班级定期来访问工作室，有的是每周一次，有的则是连续几周每天都来。

然而今年会有所不同——不再有教学艺术家来这里指导。我们能适应并独立追求这些机会吗？我不确定。必须有一些方法来完善自身

能力，以便教师不断夯实知识基础。

到现在为止，STEAM 和创造都只局限在我们学校的一栋楼中。我被指派负责将计划扩展到另一所小学。在过去三年里，我们大楼内的创造力和创新能力的建设进度比较慢。这项复杂的工作将如何应用在一所从未参与过 STEAM 创造的学校呢？在与校长卡拉·赫德森（Carla Hudson）进行一番头脑风暴后，我们提出了"教练职位"的设想——让学校中的一些感兴趣的教师参与并分享在 STEAM 创造中的经验。

STEAM 辅导教师

在州经费的资助下，该地区专门拨款为教师提供津贴，以便教师在午餐和休息时间开展 STEAM 和创造活动。十位教师申请并同意分担每栋楼的责任。获得津贴的条件之一是教师必须同意每个月参加一次专业发展课程。这些课程由创客商店的专家主持，包括不同的主题：

- Scratch（一种编程语言）。
- 定格动画。
- 设计思维。
- 电子纺织。

虽然这些课程对辅导教师来说是强制性的，但所有教师都可以参加。也有许多教师参与了非正式动手实践活动，这使专业知识在各年级、各领域的教师中传播开来。（例如，体育教师在焊接活动中获得了徽章，他就成为有兴趣学习焊接的人的榜样。）

通过培养教师对其他领域的兴趣，我们逐步建立了自身能力。此后，克拉夫顿小学出现了许多其他项目。2014 年春天，"女孩与工具"（Girls with Gadgets）俱乐部成立。在 STEAM 工作室中做了大量工作后，4 年级老师安德里娅·麦基希望为班上的女学生提供额外的学习机会。许多女学生已表示她们有兴趣了解建筑和设计。她看到了 GoldieBlox 公司（一家主打女孩工程类玩具的公司）的超级碗广告并感到很兴奋，她感觉这款产品有吸引更多年轻女孩进入工程界的潜力。她向 STEM 卓越女性联盟（FASE）申请资助，用来建立针对小学女生的计划。

她创造了一个午休时间的项目，以使女学生能够学习建筑、设计、工程和机器人等相关内容。她利用收到的资助购买 GoldieBlox (http://www.goldieblox.com) 和 Roominate (http://www.roominatetoy.com) 之类的专门针对女性设计的材料。

当观看《创智赢家》（Shark Tank，美国一档关于创业和发明的真人秀节目）时，女孩们经常会发现里面有很多她们每天在 STEAM 工作室中使用的工具，这令她们非常兴奋。

全部 24 名 4 年级女孩都选择参加该项目，项目结束时她们参观了卡内基科学中心。该项目继续向 3~6 年级的学生开放，并继续注重给女孩提供机会。

学生 STEAM 创客

塔拉（Tara）是一名安静的 5 年级学生。虽然她在学术上一直都很厉害，并且每次都能高分通过测试，但积极参加活动不是她的强项。她能写出漂亮的文章，能详细解答每个文字问题，但她不会与同学分享。受邀参加午餐时间俱乐部改变了塔拉的一切。在参加了几次"女孩与工具"俱乐部的活动后，她开始走出自我的小圈子。

全是女孩的环境让她感觉很放松。她笑了，开始加入讨论。她与其他崭露头角的工程师合作，建造了一个旋转木马、一个"深水炸弹"（dunk tank）装置和一个房子模型。塔拉在俱乐部

度过了两年，最终她得以在学校董事会会议上发言。曾经害怕在课堂讨论中发言的学生，现在却满腔热情地推广"女孩与工具"俱乐部，并向更大的学区展示她的项目。

职业准备

通过努力，我们开发的另一个 STEAM 创造项目是"职业座谈"。在冬季，当学生在休息期间无法外出时，我们为 5 年级和 6 年级的学生设立了一系列职业座谈。我们邀请了各种 STEAM 专业领域的人来与学生讨论他们的教育背景和选择的职业道路。学生能够与护士、专利律师、土木工程师、电子游戏设计师和研究人员进行交谈。这些人中很多是家长，有的是社区成员，其他则是教职员工的亲属。学生向发言者提出了详细的问题，并且对每个领域有了基本的了解。该项目的继续进行不仅将家长和社区成员带入学校，还帮助学生了解了在大学、职场和其他领域进行 STEAM 的机会。

创客周

响应奥巴马总统的号召，全国各地的学区和其他组织都参加了创客周。2015 年 6 月 12 日至 18 日被指定为创客周第一周，正好与华盛顿特区的国家创客展览会（National Maker Faire）时间相同。为了响应号召，我打电话给学校。"总统正指望着你呢！"我恳求他们。结果如何呢？体育馆建起了九洞迷你高尔夫球场，STEAM 工作室增添了置物架。我们的健康和体育教师很认真地对待这个挑战，所以当我说所有人都应该参加的时候，他就加入了。3～6 年级的不同班级使用可回收材料以及体育馆的各种设备设计和建造了自己的高尔夫球洞。学生的设计令人难以置信！整个星期，各年级的学生都可以把高尔夫球作为他们体育课的一部分。

第四章 联结

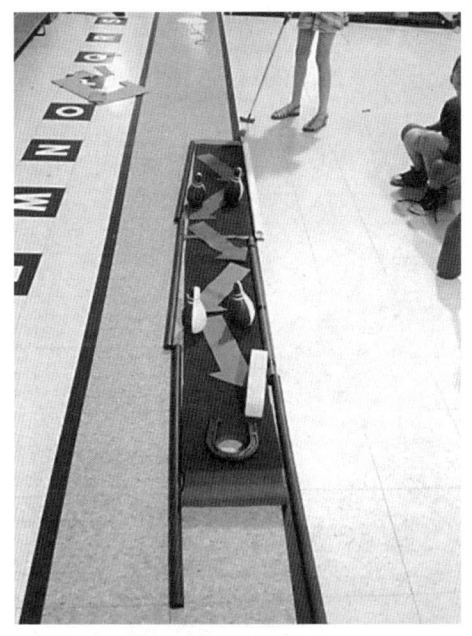

创客的迷你高尔夫球场

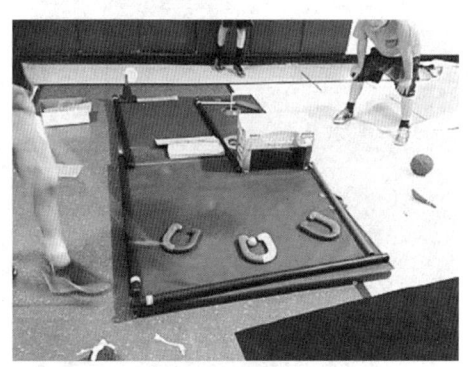

创客的迷你高尔夫球场

　　除了迷你高尔夫球场之外，5 年级的学生还为 STEAM 工作室建造了一个置物架。学生们总是寻找放置未完成项目的地方，最后他们决定自己创造一个空间。在一些教师的帮助下，他们使用了草图大师①

---

① SketchUp，是一款创作、设计和共享 3D 模型的软件。——译者注

来设计置物架，他们进行了必要的计算并开始工作。他们经过两次测量，一次切割，处理好了所需的材料。他们把所有材料钉在一起，就像一块拼图一样。最终的结果很壮观。

创客周

STEAM 创客置物架

开发资源

我们成为 STEAM 创客的另一个结果是开发了有意义的资源。通过与 STEAM 创造的合作和持续对话，我们收集了各种工具来帮助每位教师。

每个学校都有那些无论有什么倡议都会热情参与的教师。（如果你在读这本书，可能就是你！）这些教师都早到晚退，设法激励学生并让学生参与进来。这些推动者和改变者正在将他们的教室和学校转变为 STEAM 和创造中心。

但实际上，在时间限制、资源匮乏和考试压力下，即使是最优秀的教师也无法为学生提供提高创造力的机会。高效的教师正在寻找的方法是使这种类型的学习融入课堂。虽然 STEAM 创造可以只是为了创造新的东西而单独发生，但对学生来说，当创造与其他内容相结合时才更有意义。对许多教师来说，儿童文学是一个简单的创造性思维切入点，可以在小学课堂上常规使用。

表 4-1 列出了可以被用来支持 STEAM 和创造的关于机器人、发明家、建筑等的书籍。

表 4-1　STEAM 创客书籍（按主题分类）

主题	书名	作者
建筑	*Architecture According to Pigeons* *Look at That Building*	Speck Lee Tailfeather Scot Ritchie
发明家和发明	*Girls Think of Everything: Stories of Ingenious Inventions by Women* *Mistakes that Worked* *Out of Darkness: The Story of Louis Braille*	Catherine Thimmesh Charlotte Jones Russell Freedman

续表

主题	书名	作者
机器人	*My Robot*	Eve Bunting
	Recycled Robots: 10 Robot Projects	Robert Mallone
	My Robots: The Robotic Genius of Lady Regina Bonquers III	Johan Olander
电力	*Oscar and the Bird: A book About Electricity*	Geoff Waring
	Electricity: Bulbs, Batteries, and Sparks	Darlene Stille and Sheree Boyd
	Energy Makes Things Happen	Kimberly Brubaker Bradley and Paul Meisel
编程	*Kodu for Kids: Official Guide to Creating Your Own Video Games*	James Floyd Kelly
	Adventures in Minecraft	David Whale
	Computers for Kids	Chris Cataldo
	Lauren Ipsum: A Story About Computer Science and Other Impossible Things	Carlos Bueno
数学	*Length*	Henry Arthur Pluckrose
	How Big Is a Foot?	Rolf Myller
	Mathterpieces	Greg Tang
	Patty Paper Geometry	Michael Serra

现在，让我们思考得更深入些！你可能已经在课堂上阅读了很多很棒的故事，这些故事可以激发学生的创新精神。表4-2包含了许多伟大的儿童书籍，它们讲述了引人入胜的故事，同时还可以培养学生的想象力。这些书不仅可用于提高词汇量，培养理解力，还可以扩

展学生在建筑、设计和制作方面的思维。你想要开始但又不知道从哪里开始吗？你只需选一本书。如果你需要一个想法，这里面已经列出了一些，还有一些网站可以提供其他灵感。一旦你读了这些书，你就可能会提出自己的好想法。

表4-2 支持STEAM创客的儿童文学

书名	作者	做什么	扩展网站
A Perfectly Messed-Up Story	Patrick McDonnell	书写你自己的不寻常的书籍	www.mutts.com
MaxFound Two Sticks	Brian Pinkney	设计和制作乐器	http://www.kinderart.com/teachers/9instruments.shtml https://making multicultural music.wordpress.com/2012/04/10/14-world-music-instruments-that-can-be-made-from-recycled-materials
Mix It Up!	Herve Tullet	通过绘画来探索色彩混合	试试纸巾色谱项目： http://pbskids.org/zoom/activities/sci/papertowelchromatogr.html
Koko's Kitten	Dr. Francine Patterson	画图表或建模型	创客工程类指定网站： https://www.teacherspayteachers.com/Store/Smart-Chick
Stanley the Sock Monster Goes to the Moon	Jetta Robbard	为潜在项目设计想法 设计建造火箭	这是一个免费在线工具，学生可以使用它来计划任何项目： http://www.storyboardthat.com
Extra Yarn	Mac Barnett	学会用线——纺织、缝纫、编织	与儿童文学相关的动手活动： http://playfullearning.net

续表

书名	作者	做什么	扩展网站
Number the Stars	Lois Lowry	制作代表自己的盾形纹章	The Medieval Classroom 网站为教师提供了多种资源：http://www.themedievalclassroom.com.au
Iggy Peck, Architect	Andrea Beaty	设计和制作故事中的一些东西（城堡、桥梁、摩天大楼、塔、教堂、纪念碑等）	看看作者 Andrea Beaty 的拼趣网主页上的有趣观点：https://www.pinterest.com/andreabeatypint
Where Do Frogs Come From?	Alex Vern	设计制作能跳的青蛙	http://www.instructables.com/id/Origami-Jumping-Frog-VIDEO
Junkyard	Mike Austin	运用可回收材料或自己找到的材料做机器人或雕塑	一些令人惊叹的艺术家的灵感图片可参考：http://www.hongkiat.com/blog/recycled-art-masterpiece-made-from-junks
Lilly's Purple Plastic Purse	Kevin Henkes	设计并制作钱包或将房间建成灯泡实验室	为喜欢缝纫的人提供简单体验：http://crazylittleprojects.com/2014/08/quickandeasysewingprojects.html
The Most Magnificent Thing	Ashley Spires	通过坚持不懈地努力和反复实践，制造出新的交通工具来满足特定需求	http://www.scholastic.com/teachers/top-teaching/2014/10/design-thinking-lesson-connects-classmates
Gingerbread Baby	Jan Brett	制作木偶并参与木偶表演	简·布雷特创建的精彩网站：http://www.janbrett.com
Stuck	Oliver Jeffers	设计一个装置帮弗洛伊德取下挂在树上的风筝	http://www.teachingideas.co.uk/library/books/stuck.htm

续表

书名	作者	做什么	扩展网站
Henry's Amazing Machine	Dale Ann Dodds	用回收材料造机器	阅读 More Picture-Perfect Science Lessons：Using Children's Books to Guide Inquiry 一书
The Miraculous Journey of Edward Tulane	Kate DiCamillo	重塑故事中的场景：包括戏服、布景、道具	下列网站提供了这本世界畅销书的丰富相关资料：http://www.edwardtulane.com https://www.pinterest.com/emilyhstarkey/miraculous-journey-of-edward-tulane
Shh! We Have a Plan	Haughton	学习设计过程	公共广播公司（PBS）设计团队 http://pbskids.org/designsquad
The Great Kapok Tree	Lynne Cherry	构建雨林模型	提供来自YouTube视频网站的视频演示文稿 https://prezi.com/phhl2comcrpf/the-great-kapok-tree/#
Not a Box	Antoinette Portis	用回收材料创造主题为"不是一个"的故事	设计与出版图书可参考： http://www.storyjumper.com https://www.mystorybook.com https://storybird.com
The Boy Who Harnessed the Wind	William Ka-mk-wamba	造风车	http://tryengineering.org/lesson-plans/working-wind-energy http://learn.kidwind.org/learn/science_fair_projects
Coppernickel, The Invention	Wouter Van Reek	运用设计过程进行发明创造	http://www.playingbythebook.net

STEAM 创客先锋

此活动可以作为学生的入门课程或者教师的职业发展活动。(我的想法：我把这个活动作为老师的重回学校活动，作为一种将解决问题、协作和设计思维进行整合的方法。)

课程：黑客游戏。

目标：以团队为单位，创建一个包含规则和程序的原创游戏。

时间：至少45分钟，但可以扩展到多个班次的课上时间。

可能用到的材料：各种游戏道具，包括游戏板、棋子、骰子、纺纱机、纸牌等（去当地的旧货店或旧货车库买一堆旧的或坏掉的游戏棋牌：Life、大富翁、飞行棋等棋盘游戏都不错）；还需要准备记号笔、剪刀、胶水、胶带、便签等。

程序：3~4人的团队将共同努力设计游戏。他们可以选择现有的游戏板和棋子来制作新游戏。他们应该创建一个主题，记录他们的规则，并确定玩家应该遵守的程序。

可以围绕特定的主题创造游戏，如"今天，每个团队都制作一个数学游戏"，或者可以为孩子们创造游戏，如"我们将为我们的幼儿园伙伴创造一个游戏，以便他们练习字母和发音"。

当所有团队完成制作后，每个团队都应该在大组中进行展示。要给各队留出时间试玩其他队伍设计的游戏。

当各队开始设计游戏后，允许团队一名成员从另一个团队中获取任何一件物品以添加到他们自己的游戏中。

反思：向其他团队提供反馈——你最喜欢他们游戏中的什么？什么地方令人困惑？

障碍

拥有一个专门的空间既是一种幸福也是一种不幸。由于房间宽敞，存储空间大，我们认为问题已经解决了，但是学生项目和捐赠材料很快就堆满了房间。由于房间里没有常驻的管理人员，大家都共同进行组织、项目开发、共用材料、打扫卫生等工作。我们买了越来越多的垃圾箱并开始把所有东西都贴上标签。我们还在房间前面保留了一个留言板，这样每个人都可以互相沟通。如果有人把东西用完了，他或她会把它写在板上："需要更多的铜线。"如果有人有未完成的项目（对其他人来说可能看起来像是一堆垃圾），他或她就会在留言板上写道："请好好保存我的＿＿＿。"此外，在我们的5年级学生的帮助下，我们有了一个新的架子来储存和展示项目。

发展想法

我们下一步将为项目加入企业制成分。去年，在与5年级和6年级学生一起到卡内基科学中心实地考察的路上，他们问我们是否可以买一台3-D打印机。我向他们解释了这需要花多少钱以及我的预算有多少。"我们会筹集资金！"他们喊道。学生有许多制造和销售的想法。"我们可以制作蜡烛并在节日时卖掉；我们可以为年龄较小的学生制作玩具，甚至可以修理破损的玩具；我们可以制作能发光的卡片……还有衬衫和手镯！"我们计划在秋天利用学生的兴趣，举办假日艺术展，学生们将在那里出售他们的物品，为我们的STEAM工作室增添新的东西。

小 结

每个参与STEAM和创造的学校都有自己的方法。所有教师都会找到自己的切入点，所有学生都会找到自己的位置。没有一条道路完全相同，这使得写一本该主题的书很困难。我们在克拉夫顿小学的实践是独特的，但它只是整合 STEAM 创造的一个例子。随着时间的推移，我们能够将 STEAM 和创造更好地联系在一起。目前的 STEAM 创客方法是什么？是一种既重视科学、技术、工程、艺术和数学之间的自然联系，又不设限、支持原创的理念。STEAM 和创造之间的联系在推动学生学习方面具有巨大的潜力（Bevan，Petrich and Wilkinson，2015）。

思维拓展

我能怎样将教室里的 STEAM 和创造联系起来？

_____
_____
_____
_____

我如何能够把"天才一小时"或"灯泡实验室"融入教室或学校来激励创新？

_____
_____
_____
_____

可能的困难有什么？有什么解决方法？

_____
_____
_____
_____

创客教育

第五章
构　建

改变的秘诀在于集中所有力量建立新的,而不是对抗旧的。

——苏格拉底

第五章 构建

几个 2 年级学生围在一张桌子前准备展示他们利用 littleBits（一种模块化的电子元件积木，详情浏览：http://littlebits.cc）制造的一个给画机器人。他们边展示边谈起他们做机器人时遇到的挑战。"我们刚开始没把各部分连接好，导致机器人没有任何反应，"一名学生向一组来学校参观的人解释道，"我们不得不尝试了好多次，最后才让机器人动了起来。"这些年轻的创客们理解设计的过程，知道需要不断更新才能造出令人印象的深刻东西。

构建伟大的东西需要时间和精力。全国的各个学区都在以各种形式进行构建：学生参与到户外学习空间、电池驱动汽车和未来模范城市的构建中。老师们则在构建包含游戏和"天才一小时"的相关课程

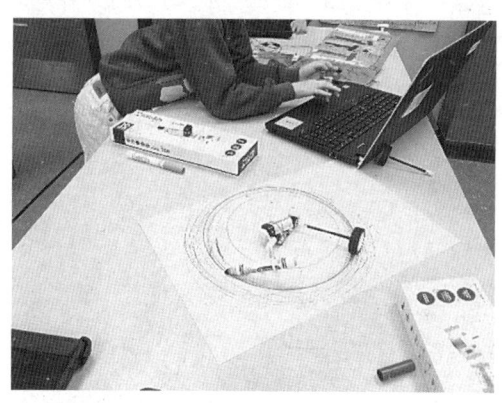

绘画机器人

体系。地区领导者在构建一种新的文化，一种在学校内外都鼓励创新和创造的文化。城市正在构建学习网络，来支持孩子们和年轻人追寻自己的梦想。

艾莉丝学校

艾莉丝学校是一所私立女子学校，位于匹兹堡市区外，共有幼儿园至12年级学生400名。学校一直保持着良好的学术声誉，现在它因为在STEAM教育方面的努力而更加受到认可。"我们不称它为STEAM，而称它为STEM-X。我们专注于计算思维、写作和沟通。"这所学校的精力充沛的领导者、学习和创新总监莉萨·阿贝尔-帕尔米耶里（Lisa Abel-Palmieri）在2015年2月的一次采访中告诉我。在参观校园时，她向我介绍了她的同事们，与我分享了学生的作品，并且向我讲述了在艾莉丝学校发生的关于创新的事情。

"我们已经从被动学习转变为主动学习。"实验室和教室的课时比已经变成了8∶20。这种转变显而易见。教师们在尝试翻转课堂和谷歌眼镜，并将实验室作品作为家庭作业。随着教师和学生逐渐掌握科技，学校发现这是一种更好的合作模式。学校以学生为中心，在校园

艾莉丝学校画廊

各处展示学生的作品。有一条走廊变成了画廊，高中班学生每学期都会策划相关主题。在过去几年阿贝尔-帕尔米耶里任职期间，学校开始为年轻女性提供设计思维方面的机会。这些都是通过 STEAM 和创造中的机会实现的。

> **创新想法**
> - 主动、个性化学习
> - 老师作为导师
> - 以人为本的设计
> - 社区学习
> - 真实的、基于性能的评估

"让女孩参与 STEM——这完全取决于态度。"阿贝尔-帕尔米耶里在 2015 年的那次访问中告诉我。正因为如此，他们为 5~8 年级的学生创建了"动手小分队"课后计划。在这一过渡时期，她知道保持女孩上学和放学后都参与是非常重要的。"我们增加了内容并发现学生的参与度提高了。我们发现学生们变得更愿意冒险、更加自信，她们与外界的联系也增多了。""动手小分队"计划为学生们提供了一个机会，让她们能够在合作中发展思维并提高设计思考和动手能力。女孩们运用设计思维来解决社区中的问题。在成功试点一年后，他们将该计划扩展到其他学校和组织，这些学校和组织代表城市的各个社区。艾莉丝学校的教师们担任这些合作伙伴的导师。

"集合"组织，是一个关于艺术和技术的独特社团。艾莉丝学校帮助"集合"组织在他们的场地也创建了"动手小分队"项目（更多关于"集合"组织的内容，请阅读第六章）。其他两所学校也加入了进来。此外，一名来自"钢铁女孩"（http://www.frc.ri.cmu.edu/girlsofsteel，这个全女生的机器人团队通过卡内基梅隆大学的支持，

让学生学习工程和机器人相关知识并参与竞赛）项目的高中生来这里担任了导师。

阿贝尔-帕尔米耶里和其他学校领导为"动手小分队"设置了一个挑战：发现社区里的一个问题并动手解决。所有队员要聚在一起分享想法，赢得数字徽章。为了使学生们更好地应对挑战，相关领域的专家——一位机器人专家、一位工业设计建筑师和一位当地艺术家也被邀请来提供支持。学生们设计了一些项目，可以带走垃圾、减少压力以及协助在社区中骑自行车的人。

学生们自己决定用什么材料来解决问题。学校提供了"发明工具套装"（http://teknikio.com）来帮助他们进行任务。套装里包括开关、电子元件、布料、电机、灯和电池等。在一个周六的早上，队员们在匹兹堡创意再利用中心（http://pccr.org）会面，并收集其他材料。学生们在选好他们需要的材料后回到各自的学校开始制作，当下一次大家聚在一起时就是分享彼此的设计成果的时候了。"动手小分队"项目非常成功，因此变成了艾莉丝学校的暑期项目，还被其他学校纷纷效仿。

更多关于"动手小分队"的信息可以在以下地址找到：http://hivepgh.sproutfund.org/project/tinker-squads。

匹兹堡创意再利用中心

在这个地方，艺术家、教师和社区成员可以获得项目所需的各种材料。从电脑零件到金属废料、玻璃瓷砖和各种零零碎碎的东西，这是创客们梦寐以求的地方！他们甚至亲切地将一辆改装的货车命名为"芳西"，这辆货车不仅被用于"拯救"即将被送去垃圾填埋场的尚有利用价值的材料，还被用作交通工具往返于社区内的各项目之间。

除了"动手小分队"外，阿贝尔-帕尔米耶里还在其他方面为学生和成人的学习提供便利。"我们越来越重视跨学科学习。"她解释道。教师们正在努力探索各学科领域之间的联系。这些联系既发生在教室内，也以其他方式发生。学校还为学生们的 STEAM 创造提供便利。"我们举办了一场学生竞赛，主题为重新设计学校周围的空间。她们从 38 个方案中投票选出了一个设计方案。"学生们探索了校园，寻找需要改造的地方。各团队提交设计方案，然后大家投票。学生们订购了家具，并把所有东西拼在一起。她们把空间命名为"合作实验室"，它成为团队开会、碰面的绝佳地点。

中年级学生的创新学习空间

低年级学生的创新学习空间

艾莉丝学校的领导也及时用各种非正式方式为学生创造学习机会。5~12年级的学生能够在课间合作——设想在楼内各处都有学习空间，有美妙的学习角落。有个走廊设置了一个小吧台，那里放置了几台笔记本电脑供学生使用，在楼内的各个角落里还有舒适的家具供学生学习使用。学校还在楼内各处建立了创新小站，在走廊尽头或者在一些教室内，这些小站给学生提供了使用乐高积木、立方体以及其他建筑材料进行动手实践学习的机会。

在学校访问期间，一位老师谈到了她的团队正在进行的一些跨学科工作：1年级的学生制作鱼竿，阅读有关磁力的文章；2年级的学生使用乐高积木学习简单的机械知识，并在课堂上展示。她跟我分享了一个近期学习单元调整的故事。

学校里的一个常见任务是设计一个装置能安全地把鸡蛋扔到地上却不会摔坏它。一个孩子对鸡蛋过敏，这意味着学生们无法完成传统的鸡蛋掉落实验。于是，学生们设计了一个邮寄薯片的项目来替代鸡蛋掉落实验。一名教师甚至针对这个薯片以及为什么要在全国范围内邮寄这个薯片写了个小故事。学生们一起读书，提出了精巧的设计。这个项目受到了一致好评，以至于可以永久替代鸡蛋掉落实验了。

另一位教师描述了他的团队正在做的一些事情——将技术融入他们的语言艺术和数学工作中。艾莉丝学校的4年级学生正在使用乌龟艺术（Turtle Art, http://turtleart.org）来学习编码，用几何术语来发指令。受LOGO编程的启发，乌龟艺术允许学生通过连接代码块来创建一个命令序列。乌龟会遵循命令序列，依次创建图形来表示相应命令。

4年级的学生还读了阿维（Avi）的《罂粟》（*Poppy*）。学生们不用就这本书写一份总结或者读书报告，而需要运用蜂鸟机器人画一幅场景的透视图。（蜂鸟机器人套件是一款诞生于卡内基梅隆大学创新实验室的工具套件，详见 http://www.hummingbirdkit.com。）学生们添加了LED灯和可移动部件来代表欧卡斯先生（Mr. Ocax，书中人物）及其与罂粟花的互动。

学校还推出了几个"跨学科日"，教师团队创建有联系的单元，把所有学科领域联系到一起。5年级学生把历史课上学到的有关古埃及的知识与科学课上学到的物质的物理特性知识及自身的工程学背景结合起来设计了埃及游乐场。该项目以人为本，促使学生为使用其设计的人着想。

以人为本的设计包括通过以下4个步骤来使设计使用者产生共鸣：

- 产生想法。
- 建造模型。
- 分享设计。
- 实现想法。

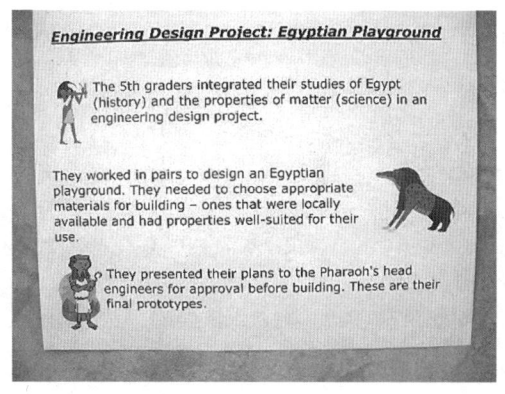

埃及游乐场设计项目

障　碍

艾莉丝学校面临的一个障碍是在STEM-X教学实践上的继续推进。意识到推进他们项目发展的重要性后，一些教师被学校任命为"创新研究员"。这些带头人被给予更充裕的时间来推动这个倡议发

展。目前的焦点是教育科技、跨学科学习和STEAM。研究员们通过定期会面或与学校领导会面来开发新项目和整合学习机会，以便更好地满足学生的需求。他们还利用空闲时间筹划教学单元，与同事合作或者共同教授一门课程。

发展想法

艾莉丝学校的下一步计划包括今年夏天举办一次会议。"主动学习和设计思维峰会"是该校学习创新研究所的项目之一。峰会的目标是将教育工作者聚集在一起，共同探索个性化学习和成长思维。在此次活动中，会有托马斯·斯蒂尔·梅利（Thomas Steele Maley）和格兰特·利希特曼（Grant Lichtman）激励人心的演讲。此外，地区领导人将推动"领导者领导"会议，讨论多样化评估、游戏、STEAM和创造。

STEAM 创客先锋

课程：创造一件美好的东西。

目标：参与设计过程，创造一些对学生有用的东西。

时间：一段时间内的几节课。

可能用到的材料：纸板、塑料瓶、瓶盖、易拉罐或其他干净的可回收物品，纸屑或布料，珠子、纽扣或其他小工艺品。

程序：大声朗读阿什莉·斯拜尔（Ashley Spires）的书《了不起的杰作》。该故事讲述了一个年轻女孩和她的狗试图做出一件十分美好的东西。她在设计过程中遇到了很多困难。这个故事让学生认识到，遇到挫折不要紧，最终结果也可以非常美好。她最终为她的狗创造出了一辆边斗车——一件对她非常有用的东西。

学生将集体讨论对他们可能有用的发明。他们将在笔记本中记下想法，或列出可能对他们有所帮助的东西。他们可以与教师、合作伙伴或设计团队分享想法。分享后，学生可以修改或改变他们的设计。根据需要，学生的建筑和设计可以在多节课中进行。学生会在之后对照笔记本对过程进行反思，提出问题并标注变化。

最终，所有"美好的东西"都会被展示和分享。

STEAM创造如何融入校园日

正如你在本书的故事中所看到的那样，STEAM创造并不是一刀切的实践。每所学校都需要找到适合自己的行之有效的程序和时间表。以下是一些学校可以做的选择：

1. 开放式的时间表。教师可以自行报名使用STEAM创客空间或借用材料车（或学校里的任何东西）。

2. 轮换时间表。一些学校提倡STEAM创造轮换，就像学生们上音乐课、艺术课或体育课一样。

3. 图书馆创客空间。许多学校使用图书馆来让学生参与这项工作，这是一个很好的学习空间，学生和老师可以随时访问。

在课堂上，许多教师正设法把STEAM融入他们的日常实践。这既可以通过融合的方式实现——将STEAM创造的经验与儿童文学或现有课程结合，也可以将STEAM作为单独的课程或活动——一些教师每周都会在实践项目上花一些时间。

底线：创建适合你和你的学生的计划。

试验不同的时间、地点和课程，直到找到最适合你的模式！

伊丽莎白前进学区

随着泰国、新加坡和美国东北部各地区的访问，伊丽莎白前进学区正朝着正确的方向迅速发展。伊丽莎白前进学区曾经是一个开设传统课程的乡村学区，而现在它是创新课程的领军者。该学区英明的领导团队很早就提出了创新和发展技术的目标。在最近一次100多名教育工作者的区域巡回参观中，主管巴特·罗科（Bart Rocco）表示："我们学区有两大理念——交流、反馈。"作为匹兹堡地区创新学习的管理者，他们正在实现这些目标。

对伊丽莎白前进学区的访问每月进行一次（因为需求非常之高），包括参观学区的三栋建筑，每一栋代表一个。高中有一个新装修的图书馆及媒体中心、游戏室和创造实验室。初中为5~8年级学生提供服务，它是许多地区小学、初中和高中项目的典范。

中等年级的 STEAM 创造

梦工厂——它听起来就是一个所有年轻人都想要去学习的地方。伊丽莎白前进学区内中学的这个专门机构一直致力于促进21世纪的学习，它开设了包括科技教育、视觉艺术和计算机科学等在内的许多课程。计算机编程课程面向所有6年级学生，7年级学生可以选修机器人技术。在科技教育方面，学生使用激光切割机、数控（CNC）路由器和3-D打印机创建项目。他们使用木材、金属板和塑料等材料学习制造业基本原理。艺术课程不仅仅涉及绘画，学生们还学习数字动画并熟练使用矢量图编辑软件（Adobe Illustrator）和Photoshop。他们用Flipagram之类的应用程序制作视频，用Book Creator制作电子书，用Paper by Fifty Three来绘画。

除了成功的学习空间和项目外，学区还与一些公司和团体，比如安汉教育（On Hand Schools，一家教育科技公司）、苹果公司以及班尼登基金会建立了公共及私人伙伴关系,这也推动了学区的发展。罗科还与卡内基梅隆大学娱乐技术中心(ETC,http://www.etc.cmu.edu)的创始人唐·马林奈里(Don Marinelli)建立了牢固的合作伙伴关系。这个中心与该学区合作建立了一个教学场所,并开设了有关游戏的一系列课程。娱乐技术中心还为该学区中学的多媒体艺术学习实验室(SMALLab)制作了教育游戏。这个实验室包含一个开放空间,放置着一张大的、可以投影的地毯。学生们拿着一支带有传感器的手杖亲身体验不同的游戏。传感器会感知手杖的移动,使学习过程具有互动性。娱乐技术中心的研究生与学区的教师合作,针对学生难以应付的主题,比如运行时间和语法成分设计游戏。伊丽莎白前进学区是拥有多媒体艺术学习实验室的七个学区之一。学区领导在集合各学校的想法和资源,创建多媒体艺术学习实验室中发挥了核心作用。

伊丽莎白前进学区的多媒体艺术学习实验室

中学还设有能源实验室。该实验室的部分资金由雪弗龙公司赞助,它与娱乐技术中心合作,使学生可以在校内利用新技术更好地理解科学和社会研究中的概念。卡内基梅隆大学的研究生建立了一个交互式圆顶,学生可以通过它查看地图、探索太阳系,并观看互动视

频。学生可以通过操纵面板来了解太阳能。除了圆顶之外，该实验室还有增强型现实沙箱，该工具使用一种名为体感（Kinect）的运动感应输入设备和一台个人计算机来读取沙子的轮廓，然后投射出三维图像。沙箱可以帮助学生了解地质和地貌。通过这项技术，学生可以展示陆地产生流域和支流的几种方式。能源实验室仍在开发中，很快就会添加其他的组件。

卡内基梅隆大学

卡内基梅隆大学与当地学区的教育工作者合作，通过各种项目发展相关的技术。有两个主要部门负责与学校合作以及不断发展创新项目。

社区机器人、教育和技术赋权实验室，一个更被人熟知的名字是创新实验室（CREATE Lab），它的建立是为了改善大学与社区联结的方式。它与学校合作开发艺术和机器人计划，将小学和初中学生的艺术课程与机器人课程结合在一起。创新实验室还开设工作坊和其他活动。其他出自创新实验室的创新项目包括"儿童创新计划"和"鸟脑科技"（蜂鸟机器人套件的开发者）。娱乐技术中心是除卡内基梅隆大学之外的另一个协作组织。该研究生项目要求学生在社区工作，为医院、博物馆和学校开发游戏。

障 碍

像许多其他学区一样，伊丽莎白前进学区没有太多的资金或空间来建立新的项目。"我们只是把小区域改造了一下。"托德·克鲁斯金（Todd Keruskin）在 2015 年 3 月的学区参观中说道。该学区将其工业艺术空间改造为制造实验室（Fab Lab），将空荡荡的教室改造成了学习厅。在整个学区参观过程中，托德不断重复的一句话就是：只要你有足够的钱刷墙，你就可以做这些事情！

发展想法

"它改变了我们学校和社区的文化。"主管罗科在2015年的学区参观中解释道。该学区拥有完善的项目和设施来满足中学生的需求。他们现在正通过其他方式向学区内的四所小学推广该方法。学区领导正在寻求资金支持来建立可移动的制造实验室，每9周轮换到一所小学。在这里，学生将接触3-D打印机、激光切割机、数控路由器，以及单片机、树莓派等微控制器。该学区想把捐赠的小巴车改造成移动实验室，在上面装备最先进的动手实践学习工具，这样学生就能在进入5年级之前学到相应的技能。小学已经开始了一对一的活动——学生通过构建自己的指令库来确定适合自己平板电脑的应用程序。

科士奇中学：从头开始建立一所学校

没有多少学校领导有机会从头开始建设一座新大楼。在科士奇地区的学区，校长乔希·韦弗（Josh Weaver）承担起了这一独特的职责。他在大楼实际使用之前的一年，就被任命为这栋大楼的领导。在那一年中，他可以重新规划组织这所中学。学校有600名学生，分属于5年级和6年级。学校像"家庭"一样，每4个教室由一个教师负责数学、阅读、科学和人文学科。

幸运的是，韦弗有机会在新学年开始的前一年与教师们一起策划。他们成立了多个委员会来重写课程计划，讨论学校文化，并规划社区拓展。学生在学校课程表中有不同的弹性时间，这段时间允许学生追求特殊兴趣和项目。学生可以选择学习从机器人到环境学的任何知识。在此期间，你可能会看到3名学生在建造过山车，而另外3名学生在研究iPad。学生的一个户外选择包括与宾夕法尼亚州游戏委员会及当地渔具店的合作。学校有一个鳟鱼缸，学生可以在那里观察和记录鱼的活动，也可以向该领域的专家学习。韦弗解释说："分科教育让我发疯。"（personal communication，February 2015）他设想采用综合方法，将各个科目融合在一起。

科士奇机器人技术

韦弗知道新的学校配置和对 STEM 的关注，对父母来说是一个巨大的变化。韦弗邀请父母到学校来并让他们参与其中。韦弗不是唯一一个策划这项工作的人，学校很幸运地邀请到了一位 STEM 专家来辅助学习。这位专家策划并执行了所有的职业规划，将其引入了课堂，并申请了拨款。

在 STEM 课堂之外，教师每学年至少需要设计一个单元。教师团队设计了工程、机器人和编程方向的课程。学生们设计车辆并为车辆编程，使车能沿着用早餐麦片盒制作的跑道前进。

为了推进该计划，该学区申请参加 STEM 星光大道项目（STEM Excellence Pathway program）。数十个学区与匹兹堡的卡内基科学中心合作，以推进他们的 STEM 项目。STEM 星光大道项目（http://stemisphere.org/educators）通过自我评估、制订计划、资源识别和实施等评估程序来考察学校。作为参与学校，科士奇中学制定了可持续发展计划，继续推动学校朝着正确的方向发展。

科士奇中学编程技术

科士奇中学户外学习

障碍

虽然学校不仅获得了几笔小额赞助，而且得到了第一能源公司（First Energy）的一笔大额赞助，但学校进行该项目的主要资金是由学区资助的。韦弗说："我们希望最终能找到长期合作伙伴，我们希望与我们的社区以及其他从事类似工作的教育工作者建立联系。"（personal communication，February 2015）。对于韦弗来说，找到合作伙伴是个难题。作为一名新校长，他正在努力建立一个关系网，他希望找到一群合作者，来帮忙发展科士奇学校的项目。他所在地区有一个正在形成的组织叫阿勒-科士奇最佳实践合作社（Alle-Kiski Best Practices Collaborative）。作为创新实验室的一个分中心，该组织目前为当地教师提供职业发展规划，并合作开发学生项目。

发展想法

STEM 夏令营将在该学区举办，内容包括应用程序开发和一个关于化妆品的设计、制作和营销的工作站。"工程是基础"（由波士顿科学博物馆国家技术素养中心运营的项目，为幼儿园至 8 年级的孩子设计了许多工程课程）项目的支持以及活跃的家长教师协会是科士奇中学发展的重要助力。

构建：与家长的关系

STEAM 和创造对于家长来说可能是新概念。以下是一些帮助他们建立学校和家庭的联系并增加他们对 STEAM 的了解的方法：

- 发送关于 STEAM 和创造的信息，包括相关研究和教育文章。
- 在你的网站上发布图片和视频，以便家长可以看到 STEAM 和创造在课堂上是什么样的。

- 为即将开展的项目寻找志愿者。第一次尝试缝纫？不要一个人干！其他人，尤其是那些知道如何穿针引线的人，会帮到你。
- 举办"创造之夜"，以便家长可以亲自动手学习。

创新思维：南费耶特学区

南费耶特学区是宾夕法尼亚州发展最快的学区（按百分比计算）。根据学区主管比利·罗迪纳里（Bille Rondinelli）的说法，他们每年增加约130名学生。该学区的重点不在于STEM、STEAM或创造。他们的理念是计算思维，这是一种新的能力。简而言之，计算思维是形成问题并生成解决方案的过程。它通常包括设计系统和数学思维。

卡内基梅隆大学

卡内基梅隆大学计算思维中心不仅建立了该领域的研究基础，还提供研讨会及其他资源（http://www.cs.cmu.edu/~CompThink）。

从学区角度来看，计算思维的定义包括三个主要组成部分、问题解决，职业愿景和思维习惯。他们正努力在学前班到12年级进行这些实践。这种教学模式的转变始于大约4年前的课后交互学习。他们将这些项目作为孵化器项目，首先对想法进行了测试。许多想法最初来自少数学生一起活动的课后俱乐部。这些俱乐部是试点项目的一种方式，可以评估学生兴趣、教师参与和整体效率。通过这种方式进行探索，学区能够收集信息，并在项目正式进入课程安排之前确定其潜力。

该学区的早期孵化器项目是Scratch的使用。几年前，作为中学生的课外活动，项目被引入，该项目的成功使该学区能够确定最适合学生的方案。Scratch 的使用被推广到各个年级，直到学区决定将它放在 3 年级课程中，现在该课程通过学区的 STEAM 课教授。

计算思维课程

低年级学生从物理编码入手学习词汇，并在未来 12 年里不断扩充词汇量。他们使用指向词，帮助同伴走出迷宫或从房间的一个点走到另一个点。当学生使用蜜蜂机器人（Bee Bots，https://www.beebot.us）时，这种物理编码开始转变为编程。这些小装置正好适合低年级学生，能以有趣的方式教授排序、评估和解决问题。学生通过简单的指令指示蜜蜂走出迷宫。小学一二年级的学生也使用少儿 Scratch，它是麻省理工学院原始程序的免费版本，对于小学生来说更适用。他们还在这个阶段引入了乐高 WeDo 套件，以让学生了解更多基于模块的编码。

在 2 年级，学生开始在句子条上编写基于模块的代码，然后将其翻译成句子。他们在每周的 STEAM 课堂上讨论代码的相同与不同之处。在小学阶段引入基于模块的代码可以对学生中学的学习很有帮助。

代码公告栏

在 3～5 年级，学生开始上 Vex IQ 机器人课程（http://www.vexrobotics.com/vexiq）。该学区使用数字承诺（Digital Promise）提供的资金购买机器人套件。Vex IQ 机器人课程包括一个网上环节，学生可以在进行实际建造之前先从网上学习内容。学生先完成简单机械、运动、机械结构和连锁反应等单元的学习，然后建造机器人并为其编程。

Vex IQ 机器人

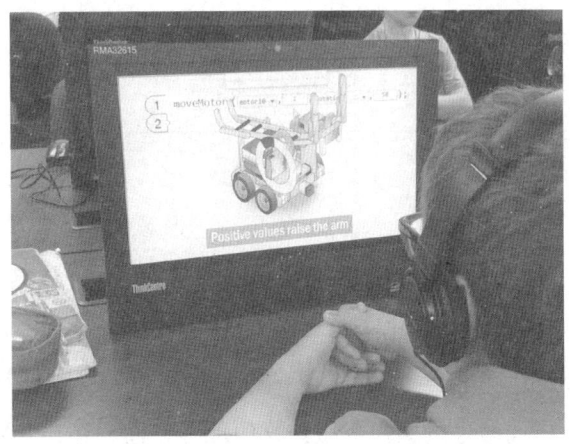

Vex IQ 机器人上网课程

除了机器人技术，学生还可以通过其他 STEAM 创造的工具学

习。4年级的学生使用单片机为电子纺织工作坊设计衬衫。2年级学生使用Makey Makey在STEAM课堂上演奏音乐。但南费耶特学区的学习并不局限于校内。该学区也正在发展其环境素养计划。学校拥有一个屋顶花园作为室外教室，学生可以在这里学习、观察和照料植物。他们在园艺方面的工作并不止于此，因为他们的一个STEAM实验室（小学各年级都有一个）有无土栽培设备。种植莴苣和其他蔬菜已被纳入课程。请参阅表5-1，了解该学校无土栽培方面的丰富资源。

表5-1 把STEAM创造带到室外（无土栽培资源）

网站名	网址
儿童园艺 （Kids Gardening）	http://www.kidsgardening.org/node/3760
光明农业科技 （Bright Agrotech）	http://blog.brightagrotech.com/teaching-hydroponics-in-the-classroom
博斯威克农场 （Boswyck Farms）	http://www.boswyckfarms.org/wp-content/uploads/2013/12/Boswyck-Farms-STEM-Education-through-Hydroponics2.pdf
成长水电花园 （Grow Up Hydro Garden）	http://www.growuphydrogarden.com/blog/hydroponics-schools

向外拓展

该学区还采取措施扩大其影响力，并支持STEAM创造领域的其他教育工作者。在高中阶段，学生与其他学区合作，增加技术和工程方面的知识。一名学生创建了一门使用Python教授编程的课程。这名学生不仅向教他的同龄人教授这门课程，而且还建立了合作伙伴关系，以便与其他两个当地学区共享内容。

南费耶特学区还与曼彻斯特学术特许学校（Manchester Academic Charter School）合作，尝试在不同的环境中复制他们的项目。这两所学校在一个学期内就设计 STEAM 创造学习单元进行了合作。"拥挤游戏"是他们合作的成果，两所学校共同开发了从物理世界到虚拟世界的路比戈德堡装置。

为了社会公益而创造

该学区强调为一个目标而创造以及为社会公益而努力。这一理念贯穿于南费耶特学区所做的工作中。一个高中生团队最近设计了一个幼儿园学生在玩耍和学习简单机械时使用的水桌。发明者也在整个地区的会议和工作坊中分享了他们的设计。另一个学生团队一直致力于开发一款可供所有年龄段学生使用的笔式闪卡应用程序。还有一个学生团队为小学生设计了一款名为公交伙伴（BusBudE）的应用程序：每个孩子都被分配了一个带有条形码的挂带挂在他们的背包上。当学生上下车时，他们会在公共汽车前面的平板电脑上扫描条形码。之后父母会收到一条短信，告知他们孩子是安全的。该团队还有机会与玛雅设计（MAYA Design，http://maya.com）合作，玛雅设计的设计师会向学生反馈应用程序的优势和后续的工作。

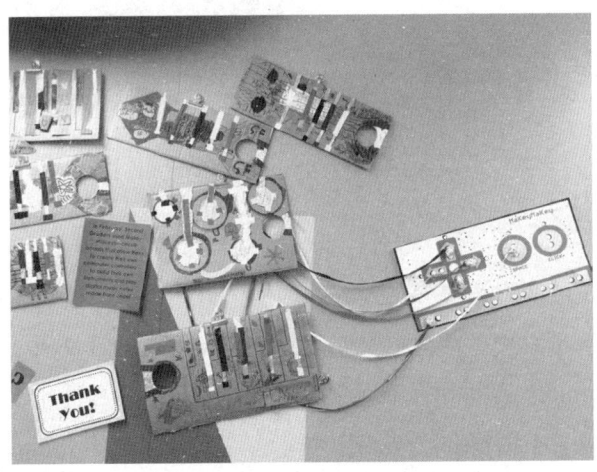

"Makey Makey"电子套件公告板

障碍

随着技术和创新的迅速变化，学校通常无法跟上步伐。南费耶特学区在保持发展势头方面做得非常好，他们也确实克服了一些现存的障碍来促进这些项目的发展。在过去 3 年中，该学区对 STEAM 领导层的需求日益增加。南费耶特学区谨慎地从他们的预算中拨出部分资金，为学区学校增添了一名技术素养教师和一名指定的 STEAM 教师。他们每 6 天在每个教室上 3 次 45 分钟的课程。目前，这项工作与 STEAM 实验室是相互独立的，教师们开始将室外学习带进教室。

LittleBits 电子积木

发展想法

随着人口的增长和入学人数的增加，该学区探索了他们想要给学生创造的学习方式。在初中，他们决定放弃现有的计算机实验室，转而计划建立三个学习中心。每个学习中心都将成为专注于不同领域的创客空间：一个图形和丝网印刷中心、一个原型设计中心和一个制造实验室。

环境探索花园也正在建造中。学前班到 2 年级的学生可以共享户外空间，很快就会有 3~5 所学校成为学生学习植物和昆虫并享受阅读、写作、背诵诗歌，以及与伙伴合作的地方。该共享空间将使该学区的环境素养项目的涵盖范围扩大到学前班至 12 年级。

小　结

在本章中，你了解到一些创新的学区建设和与学生相关的课程和项目，同时这些做法也为他们提供了面向未来的发展机会。艾莉丝学校、伊丽莎白前进学区、科士奇中学和南费耶特学区都在寻找机会为孩子们创造机会。虽然每个学校或学区采取的方法不同，但它们都取得了成功。当你在学校里创建自己的 STEAM 创造项目时，也许会从每个例子中学到一点。建立一个项目并发展一种支持 STEAM 创造的文化需要一定的时间。在强有力的领导下，这些组织能够创造出自己的创意和创新之路。

思维拓展

我的学生有哪些类型的校外学习机会？如何在我的学校或社区中进行这种实践？

如何将环境素养加入我的学校课程？什么样的户外空间可以促进学生学习？

第六章
网　络

协作能够使教师们获得集体智慧。

——迈克·施莫克

第六章 网络

STEAM 和创造能在一间教室或者一所学校发生吗？当然可以！但是如果教育工作者们与社区内的其他工作者联系起来，效果就会更好。学校和社区之间的联系是 STEAM 创造倡议成功的关键。图书馆、博物馆、企业和公司、社会团体和组织的参与能促进年轻人的学习。始于学校的学习之路可以通过延伸到校外的网络得到支持和拓展。"集合"组织的主管尼娜·巴布拓（Nina Barbuto）把这个理念解释得很好。"把艺术家、工程师和书呆子都吸引进来，学校不应是个独立空间，而应该是社区中心，是学习的'教堂'。"（personal communication，2015）图 6-1 展示了学校成为学习生态系统的中心，非正式学习环境成为正式学习

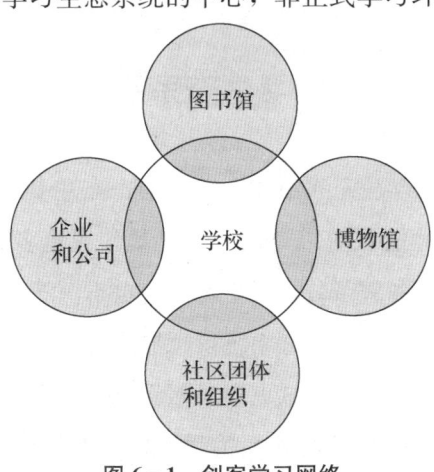

图 6-1 创客学习网络

延伸的创客学习网络。

重塑学习

2007年，匹兹堡的一些社区领导者在嘉宝基金会的指导下相聚讨论各组织合作改善匹兹堡人生活、学习和娱乐方式的途径。该团体由教育工作者、艺术家、研究人员和图书管理员组成，命名为"孩子＋创新网络"。该团体定期开会，分享想法并提出影响该地区的倡议。2011年，"萌芽基金"加入该团体，目标是通过财务支持与指导来实现可持续发展，并提升成员的能力。

"萌芽基金"在该网络中担任管家一职。总裁兼联合创始人凯西·刘易斯·朗用三个词概括了他们的工作：催化剂、召集人和沟通者。"萌芽基金"是新学习倡议的催化剂。该组织将人们聚集在一起，并赞助整个城市的聚会和相关团体。他们努力将各组织联系起来并建立伙伴关系，动员人们采取行动。如今被称为"重塑学习"的网络就是这样做的。它正在重塑学习对年轻人的意义。作为一个组织，"重塑学习"是一个由相互关联的学校和团体组成的生态系统，它们共同努力推动这项工作。

学习生态系统

就像在一个科学生态系统中，既没有一个生物体能够独自存活，也没有一个生物体能独自维持周边的环境。只有各组成部分共同作用，个体才能生存和繁荣。学习生态系统也不例外。个体滋养并壮大生态系统的努力会使整个生态系统得到加强。匹兹堡建立了一个支持区域学习生态系统的网络。"重塑学习"网络已经开发出一套模型，用于展示各学习中心之间的相互关联性以及对区域内资产的利用情况，以促进学习和创新。

在你所在的城市或城镇中，可能有数十个地方是你学习生态系统的一部分。参考本书中的一些示例，并分析这些示例如何应用到你所在地区的组织中。有的城市可能没有艺术博物馆或创客空间，你需要开动脑筋想想你的生态系统由什么构成。你可以从所在城镇的这些地方和空间开始。

学习生态系统五要素

1. 正式与非正式学习环境。匹兹堡成为学习生态系统的一个要素就是各种正式与非正式学习机会。学校与当地组织进行合作；许多校外项目蓬勃发展，为所在社区提供了创新的机遇。

2. 研发。匹兹堡的学院和大学是科学家、发明家、机器人专家和工程师的摇篮。他们代表着推动创造与创新的教育者。

3. 倡导。高等教育院校在研究学习与创新领域中的前沿课题的同时，也要作为倡导者为教育领域中的其他机构提供帮助。

4. 企业家精神。匹兹堡的互助网络促进了技术创新的市场化。企业家创业率越来越高，体现了对创意和商机的重视。

5. 战略管理。推进想法实施也是学习生态系统的一部分。管理工作既需要管理者朝着集体目标努力，也需要管理者具备一定的领导力以帮助他人朝着集体目标努力。

地方和空间

图书馆	科学中心
大学	博物馆
动物园	水族馆

家装商店	艺术馆
农场	温室
自然中心	DIY 艺术商店

不要忘了，可能有大量小企业或大公司想要与你的教育组织或学区合作！

基层创新：米尔韦尔社区图书馆

图书馆曾是庄严的知识殿堂（当你声音过大时管理员会提醒你），而现在则变成了忙碌之地，知识不仅仅来自书本。学校和社区图书馆正在因为一些创新项目而蓬勃发展。管理员正在将曾经庄严的图书馆转变为多彩的 STEAM 创造中心。但图书馆并不是支持学习生态系统的唯一机构。教育合作伙伴、社区团体和非营利组织也在探索支持年轻人校外学习的方法。

在写这本书的过程中，我通过我的个人学习网与这个区域其他从事 STEAM 创造活动的教育工作者取得了联系。几乎每个与我交谈过的人都说："你必须和米尔韦尔社区图书馆的人谈谈！"这个社区曾洪水泛滥，洪水摧毁了许多商店和企业。许多人放弃了该社区，留下了很多空地和闲置的店面。2013 年，一些社区成员想要为社区创造点积极的东西。他们贴出了标语——"快来相聚：我们一起建个图书馆吧！"这是真正的基层工作的缩影。这个想法经过人们的口口相传，使越来越多的人产生了兴趣。

一个领导团队成立，他们写信给 15 个不同的基金会寻求资金援助。它们都拒绝了，只有嘉宝基金会（它为本书中诸多好项目的启动提供了种子资金）答应了！虽然它没有资助整个项目，但它为该团体提供了启动资金。嘉宝基金会在这个一度衰落的社区购买了一处房产。这栋楼上有办公空间和公寓，现在它们已经发展成为一个图书馆和学习空间，这些正在改变着这个小社区。

他们花费了 50 000 多个志愿小时来翻新这个空间。社区成员充分发挥了他们的木匠、焊工、水管工等手艺。随着建筑的成型，领导团队开始考虑项目。第一个夏天，他们获得了"创客教育计划"（Maker Education Initiative）的支持，让"创客军团"（Maker Corps）的成员为孩子们开设了暑期课程，包括为社区年轻人开设的 STEAM 创造课程和工作坊。

该计划取得了巨大成功！一组学生表演了一场木偶戏。他们一起工作，搭建了舞台，制作了窗帘、木偶，并编写了剧本。孩子们不仅学会了如何创造事物，还从拆卸活动中学会了如何拆解东西。"拆卸星期二"在第一个夏天成为图书馆的热门活动。孩子们来这里拆开自行车，了解机械装置，并且重新设计装置。一组学生拆开了一辆自行车并将其焊接成一个能用的独轮车！另一组学生试图制作一个搅拌车——虽然他们失败了，但他们在整个过程中学到了很多东西。

创客军团

作为创客教育计划的一部分，创客军团（http://makered.org/makercorps/about-maker-corps）成立于 2012 年，旨在帮助相关组织进行能力构建，使他们能把创造融入项目中。截至 2015 年，创客军团已有 1 000 多名成员，他们在全国各地的青年组织工作。他们有三个主要目标：

1. 为成员们构建信心、创造力和职业准备。
2. 丰富和拓展创客、导师和社区领导网络。
3. 拓展青年服务组织的能力，使之能让年轻人及其家庭参与到创造中来。

有了创客教育计划的帮助,图书馆继续提出新的想法和项目来支持米尔韦尔的年轻人。"缝纫星期五"是图书馆另一个繁忙的日子,在这一天会举办女生缝纫活动。另一组年轻人用活动人偶和扫帚柄制作了一个足球桌。有了这些成功实践,图书馆领导又在下午3点到6点给孩子们增加了一个课后项目——能提升孩子们的木工和纺织方面技能的工作坊。随着项目的增多,图书馆规模不断扩大,现已成为这一复兴社区的中心。

障　碍

米尔韦尔面临的一个障碍是文化。社会并不总是认可手工劳动者的价值,但是图书馆的领导团队重视这些人才。图书馆欢迎木工和承包商来帮助图书馆进行初步翻修。他们还邀请了焊接工和机械师来教导年轻人。虽然这看起来可能像个障碍,但社区的态度发生了改变,他们要让图书馆获得成功。所有人都尽其所能使这个地方成为社区的中心。

发展想法

米尔韦尔的每周项目日益增多。时间表上的一系列活动提供了许多参与 STEAM 创造的机会。

● 在"动手星期二",社区居民被邀请到图书馆,成为正式的"米尔韦尔创客"。图书馆为社区成员提供时间和工具来参与设计挑战和试用新工具。制作游戏、电路和木工都比较受欢迎。

● "户外星期三"活动的参与者在图书馆的组织下参加户外创造活动,通过园艺、环保项目和游戏等探索自然。

● "创客星期四"重点在于大规模合作项目,参与者和图书馆工作人员一同探讨可穿戴科技、木工和可回收艺术等。

● "缝纫星期五"给参与者提供了学习如何缝纫、纺织和运用织物创作的机会。

STEAM 创客先锋

课程：修理和拆卸。

目标：通过拆卸来了解物件的构造。

时间：不限。

可能用到的材料：小家电和老旧电子产品（比如学生、家庭和社区企业捐赠的咖啡壶、收音机、手机、电脑硬盘驱动器、缝纫机和电子玩具）、护目镜和手工工具。

程序：让学生自己或者以小组的形式拆开他们选择的物品。学生在拆卸东西的时候要注意安全。发现小家电和电子产品的内部构造对学生来说将是个有趣的体验。（你也可以记录下他们拆开东西时的反应。）他们在研究了物品的内部构造之后就会发现装置如何运转以及零部件之间如何连接。他们可能会就自己所看到的提出很多问题。选择一种方式来记录他们的兴趣点——写在黑板上，记在便笺上，或者记在学生日记里。

拆卸是一项满足学生好奇心的伟大活动，它也可以成为其他体验的跳板。被拆解的电子产品可以变成有趣的艺术品或者成为新发明的基础。一些学生可能也想要看看是否可以把一些东西完全拆开再重新组装回去！

反思：拆开_____之后什么最令你惊讶？你在里面看到了什么？你可以把它与你学到的什么科学或数学知识（电路、磁力、编程等）联系起来？

创新连接器："集合"

尼娜在 2011 年创立了"集合"组织，目的是把艺术家、技术专家、创客和各个年龄的学习者联系起来。"集合"举办以展现 STEAM 原则为重点的工作坊、社区活动和互动展览。尼娜有建筑学背景，在洛杉矶中南部和孩子们一起工作时，她发现了 STEAM 和创造之间的联系。对于她来说，建筑学是科学、技术、工程、艺术和数学的结合。她发现 STEAM 和创造密不可分。STEAM 和学校关系更密切，而创造则更关注动手能力。尼娜这样形容创造："创造，更多的是一种反叛精神。创造看起来不那么主流，更像朋克摇滚。"

"集合"还给年轻人提供学习聚会和开放学习时间。一个很受欢迎的项目是星期六的"午间手工"。这些周末课程为 1～8 年级的孩子们提供了动手学习的机会。工作坊是免费的，由当地创客和社区伙伴带头开办。活动内容包括加强朋友和邻里之间的联系与协作。

在"集合"的学习经验可以使年轻人成为自信的创客。当年轻人开始热爱 DIY 项目时，他们也会对社区和城市产生兴趣。在一个周六，社区成员来到"集合"共同创作了许多木质喂鸟器。孩子们也用激光切割机制作了写着地名的木质路标。回馈社会是"集合"工作的重要组成部分工作。

尼娜说："我们利用 STEAM 创造来帮助孩子们找到自己在社区中的位置。"（personal communication，May 2015）她提到了一个项目，在这个项目中，社区的小女孩们发现了社区中的一个问题并想要解决它。她们发现纳尔逊·曼德拉和平公园晚上是黑的，于是她们决定开发一个照明系统来使邻里更加安全。通过"动手小分队"项目，她们创建了一个公园模型，并用蜂鸟机器人套件为 LED 灯编程。

阿勒格尼教育服务中心：STEAM 创客学习中心

在宾夕法尼亚州，有 29 个教育服务中心服务于当地学区，它们提供合作、伙伴关系和资源。它们的服务范围广泛，包括课程开发、教学辅导、教育规划、技术支持、学生个人服务和职业发展等。阿勒格尼教育服务中心（AIU3）为阿勒格尼县的 42 所学校服务。尽管它的主要职能是提供服务和担任联络官，但它所做的远不止这些。2013 年，它创立了"改变教育"（transformED）空间，这是一个交友和学习的数字广场。点击这个链接发现更多信息：https://vimeo.com/59037421。

与全球社区相连

创建社区联系是加强 STEAM 创造项目的有效方式，但并不是所有的联系都需要面对面。借助科技，学生可以真正与世界各地的人联系。这一切都是真的，克拉夫顿小学教师苏珊·科斯科（Susan Kosko）与距离匹兹堡 1 200 英里①之外的一名船长建立了联系。苏珊是一位阅读专家，她已经习惯了与那些在阅读上有障碍的学生以小组的形式密切合作。经过广泛的训练，她开发了一个非常有效的项目，该项目把自然拼读、音素认知、词汇、流利程度和理解融合在了一起，但它缺乏一样东西——学生的兴趣。学生对平淡的故事和重复性的任务并不感兴趣，他们没有动力在课堂上或者在家里阅读。苏珊感到很沮丧，她知道事情不得不做出改变。学年结束时，她的夏季目标是带着新的计划精神抖

---

① 1 英里约等于 1.61 千米。——译者注

撒地回归。在全家去佛罗里达州的马可岛旅行时，她的脑中闪过一个将永远改变她教师生涯的灵感。

全家人决定去看海豚。苏珊与友好的船长和船员进行了交谈。她不知道她正在建立一种新的联系，这种联系将在未来几年影响她在匹兹堡的学生。她开始定期与"海豚探索者"团队进行网络通话。苏珊围绕网络电话的内容挑选了一些词语，并通过研究来吸引她的学生。她的学生十分喜欢与克里斯船长和吉姆斯船长交谈，他们都是首次与小学生合作。苏珊和佛罗里达的团队在一起合作上课，包括运用在线视频。苏珊的课程在进行视频课程之前就提高了学生的词汇量和理解力。学生的积极性开始提高，他们开始想要读到更多关于海豚的东西。他们真的开始做作业了！随着海豚项目的继续，学生也开始有了情感共鸣。他们开始写如何拯救海豚的文章，并开始为受伤的海豚筹集资金。这些经历不断积累，最终学生可以在营救海豚时进行实时通话。这个了不起的营救行动最终在美国广播电台周六早间秀中播出。学生也因为在海豚营救项目中的参与而出现在了电视上。

与马可岛的联系随着定期与"海豚探索者"团队的联系而保持了下来。全国各地越来越多的班级也正在加入全球联系。查看他们的网站（http://dolphin-study.com），看看你的学生可以如何从这种全球联系中受益。

113   "改变教育"既包括用阿勒格尼教育服务中心的设施支持各学区探索新科技，如 3-D 打印机、蜂鸟机器人等，也包括合作和规划创新项目。该合作空间为教师们提供了创新课程来探索新的教学工具，让他们把新战略融入实践。2014 年，该合作空间还在自己的教学部建立了创新中心。创新中心与"重塑学习"网紧密连接，是一个地区性的服务于教师和管理者的资源与职业发展中心。

与杰西·谢尔的对话

加强 STEAM 和创造的一个方法就是向外寻求合作。跳出学校的藩篱可以为教师和学生带来难以预料的机遇。这种对外合作可以通过社区企业、公司合作伙伴或者基金会实现。

对于许多年轻人来说,谢尔游戏公司是他们心仪的公司。杰西·谢尔,谢尔游戏公司的老板,以设计电脑游戏为生。他和他的团队还为迪士尼做过设计。该公司重视教育,并以许多方式与学校合作。谢尔个人就曾到当地学区探讨创造与创新。他在 STEAM 学习展期间拜访了克拉夫顿小学,为学生和家长们展示了他的工作。他与学生们探讨了可能的职业路径。他相信学生们对创意产业有兴趣。谢尔游戏公司与伊丽莎白前进学区合作,教授学生游戏设计基础。谢尔游戏公司还和匹兹堡儿童博物馆合作,让 3~5 岁的儿童"测试"一款游戏。

谢尔游戏团队拜访了许多学校来测试游戏。这对学生们来说是绝佳的体验,因为团队告诉学生们他们需要学生们的反馈,学生们的意见很重要,可能会改变游戏的进程!谢尔游戏团队访问过克拉夫顿小学好多次。学生拿到一个预装有游戏的 iPad,然后按指示玩 30 分钟游戏,并且在这期间尽量不要和同伴交流。尽管开始很难抑制兴奋,但在投入之后,学生们便聚精会神地探索起这个以幻想为主题、实际上可以提升学生词汇能力的游戏。在学生们感到兴奋的同时,谢尔游戏团队的成员也很兴奋。他们感兴趣的是学生们喜欢游戏的哪些方面,以及从中发现了什么。谢尔游戏团队的访问持续了一年半的时间,在这期间游戏得到了不断的改进和提高。通过这次经历,学生们也学到了很多关于设计的知识。通过对游戏的不断反馈,学生们也了解了要完成一款游戏的设计和上市究竟要花费多长时间。

拓展学习网络：高等教育

各学院和大学也加入了创客运动，引进了 STEAM 教育。为了响应对 STEAM 和 STEAM 教育的呼吁，它们正在增加课程和项目。其中一些学院和大学与小区进行了特色合作；一所大学还建立了创客空间，供教育学专业本科生学习教学及进入职场所需的技能。

西自由大学艺术与教育中心

回想一下你的大学经历。如果你修过任何基础教育课程，你可能就需要完成一系列项目，包括制订课程计划、模拟儿童图书、设计海报和制作物理模型。现在想象一下，如果校园里有一个地方，在那里你不仅能找到做这些项目所需要的所有材料，还能找到一个可以给你提供帮助和指导的人。西自由大学就采纳了创客空间的理念，设计了一个有趣的地方——艺术与教育中心，供教育学专业和其他专业的学生使用。这个五颜六色的房间曾经是商业办公室，现在则囊括了木工工具、相关技术、可回收物品，以及所有你能想到的手工用具。

艺术与教育中心主任卢·卡拉斯（Lou Karas）解释说，这是学生做课程项目的地方，其他人也可以过来参观。他们可以学习或交谈，因为这是个不同的学习空间。五颜六色的艺术画布满墙壁；用宜家家具布置的空间便于小组讨论；一面墙上挂着一个小钉板，学生将其变成了滚珠实验进行地。我们知道并不是这个空间创造了创客，而是这个新的中心帮助学生在一所传统的大学内发展了创客思维。

当我在1月的某天来这里拜访时，想起了我的本科经历。我回想起多次打电话回家要钱来买手工用具、贴纸、画纸等来制作儿童文学课或者小学艺术课的教具。如果当时有这么一个空间该多好！

第六章 网络

西自由大学滚珠实验

隔壁科学院的学生在建内燃机模型时来这里上了一节化学课。他们使用了烙铁、脱线钳和玻璃刀。特殊教育专业的学生在学习结构化教学（TEACCH）时曾到该中心来制作任务箱。学生们设计了整理活动和体感游戏，所有的材料都来自该中心。卢·卡拉斯很遗憾地说，有个学生始终坚持使用来自拼趣网的彩色印刷材料制作层压板——但是你不可能事事如意！

由于贝尼登基金会（Benedum Foundation）慷慨的资助，该中心有一系列的工具供学生使用。他们有一打 Giga Pan（超高像素相机）套件、蜂鸟机器人套件等。卡拉斯解释道，Giga Pan 实际上是教育学院的必需品。她与学生谈论如何把他们的新工具融入课堂。

一个常见的本科生作业是发展个人的教育理念。我确信我们都能想起自己曾经写的关于我们教育理念的论文。西自由大学没有采用这种传统方式，学生用从艺术与教育中心得到的材料把自己的教育理念体现在手工制作的书本和陈列柜上。尽管作业的内容是一样的，但是现在学生能用不同的方式展示自己的理解。

另一个任务变化是创作一个身边英雄的故事。以前这个作业会是一篇论文。而现在，学生们要写出故事并制作一张海报。学生们需要

155

去艺术与教育中心学习如何使用丝网印刷机，然后自己印刷。海报需要跟书面作业一起提交。

西自由大学的本科生项目注重与当地学校的融合，以及与STEAM创造相关的职业发展相结合。例如，学生们可能每周三去威灵郊区的学校进行英语教学辅导，每周二、周四去威灵小学教数学和科学。每周五，学生们在艺术与教育中心与卡拉斯一起进行职业发展相关工作。她强调了接触他们真正可能会用到的项目的重要性。这个学期，学生们从"可触摸的数学"和"练字不再痛苦"项目中学到了很多，学生们还在制作图书、制作木偶和学习丝网印刷的过程中受益匪浅。这些课程使学生们进一步为毕业后的工作做好准备。

西自由大学存储空间

每年暑假，西自由大学还会给准教师和教师进行职业发展培训。（去年，他们培训了来自三个州的教师！）这个历时一周的培训吸引了音乐教师、乐队指挥、视觉艺术教师，以及小学、初中和高中的任课教师。他们聚在一起从艺术、工程和其他学科的角度学习平面设计和蜂鸟机器人套件的使用方法。这个培训项目还与"创意实验艺术与机器人计划"有合作。

职业连接器：罗伯特·莫里斯大学

2015 年，罗伯特·莫里斯大学（RMU）与几个学区一起组成了俄亥俄河联盟。这个联盟旨在加强小学和中学阶段基于项目的学习。在嘉宝基金会的资助下，参与的学区将在小学一年级和中学一二年级设立创客空间。这些学校还接待职前教师，并与其分享职业发展经验。

罗伯特·莫里斯大学还与埃文沃斯小学密切合作，支持该小学在创造方面的探索。埃文沃斯小学的教师们访问过罗伯特·莫里斯大学，并在本科生的科学方法课堂上做过展示。同时，罗伯特·莫里斯大学的学生还在埃文沃斯小学做志愿者工作。这种合作对"疯狂的创客"项目的发展至关重要。这个全天的项目由家长和本科毕业生一起在创客工作站工作，帮助学生们选择自己喜欢的活动。

斯科特·米勒校长有一个清单来供学生们选择活动。这使本科毕业生能够为学生规划挑战和构建项目。学生从表 6-1 中的选项中进行选择。

表 6-1 "疯狂创客"学生调查

最爱的活动（1X）	其他选择（2X）	"疯狂创客"工作站
		缝纫
		纺织
		工具使用探索
		建造
		电路模块
		可回收艺术——集体构建
		可回收艺术——个体构建
		可回收艺术——设计挑战

小 结

　　STEAM 和创造之间有数不尽的联系。这一章分享了一些匹兹堡地区的创新做法。图书馆、教育机构、学院和大学都是学习生态系统的一部分，是它们使 STEAM 创造成为一种有效的学习方式。在你探索你所在地区学习网络的时候，你可能会发现 STEAM 创造已经存在并发展了。去你的社区中探索吧！

思维拓展

列出你所在学校或附近的学院或大学：

_____

_____

_____

_____

_____

用头脑风暴的方式列出你学校所在社区内可以支持你的STEAM创造旅程的团体、组织和个人：

_____

_____

_____

_____

_____

第七章
开 始

第七章 开始

读了前几章之后，很多例子可能给你留下了深刻的印象。这些例子可能会让你产生一些在你的学校进行 STEAM 创造的想法或思路。这一章将会给你一些额外的指导，让你知道如何开始。

也许你正想建立一个关于缝纫和木工的 STEAM 创客俱乐部，也许你想要用 Scratch 来提高你的课程质量，也许你想要为你的学校探索无土栽培。记住要从小处入手——开始吧！

我们先来思考一个问题。你最想要在你的班级或者你的学校尝试什么？

_____
_____
_____
_____

开始这项计划需要些什么？

_____
_____
_____
_____

计划如何让学生参与

我发现如果我把什么事情都写下来，那么我很有可能真的会去做。既然你已经把一些初步的想法和第一步都写下来了，那就开始规划你的计划吧。你可能需要与当地专家联系，搜集一些材料，或者寻求资金支持。这些事情可能会花些时间，但不要被它们吓退。学生们的反应和学到的东西会证明你的付出是值得的。

在与一位 STEAM 创客对话时，他与我分享了他的信念。"任何人都可以从明天开始创造。"这完全取决于你的推动能力。STEAM 创造不是跟着指令或某套步骤亦步亦趋，它需要一种实验文化。这种文化通过允许学生追求个人兴趣来提升学生的学习水平。这位创客提醒我，无论你是为一个项目做纸飞机还是测量和切割木材，学习成果都是显而易见的。你可以看到某人是否真的懂了。我想不出更好的评估学习的方法了！"虽然你的朋友看不到你的拼写测试，但他们可以看到你是否建造了最高、最酷的塔。"该创客说。这种透明度是使儿童产生热情从而 100% 投入的一个因素。

与当地专家联系

你的学校、学区、社区或城市都可能会有 STEAM 创客。把你的想法传递出去：发在脸谱网上，放到你的网站或学区时事通讯上。问问你的同事、邻居和学生父母：谁有可以和学生分享的专业技术？

> **谁是 STEAM 创客？**
>
> | | | |
> |---|---|---|
> | 黑客 | 音乐家 | 机器人专家 |
> | 建筑工人 | 设计师 | 机械师 |
> | 图书馆管理员 | 工匠 | 园丁 |
> | 爱好者 | 裁缝 | 剪贴簿制作者 |
> | 教师 | 服装设计师 | 企业家 |
> | 科学家 | 修补匠 | 发明家 |
> | 工程师 | 木工 | 程序员 |
> | 画家 | 编织工 | 开发者 |
> | 雕塑家 | 建筑师 | …… |

获取资源

你很可能会需要一些资源来开启 STEAM 创造。你可能决定使用可回收资料或者你现有的材料，或者想要尝试一些科技工具。当任何一种途径都能吸引学生参与时，你需要决定哪一种能更好地满足学生的需求。附录 E 中列出的创客空间物品清单可能会提供些帮助。你也可以考虑表 7–1 中列出的十种工具。

表 7–1　十种可以尝试的工具

工具	功能	网址
乐高头脑风暴编程软件	将复杂系统与技术相结合，让学生有机会制造和编程机器人	http://www.lego.com/en-us/mindstorms
乐高 WeDo 机器人	供学龄前儿童和小学生构建和编程的工具包	https://education.lego.com/en-us

续表

工具	功能	网址
Scratch	免费的在线工具，供孩子们创建游戏和动画，并与其他人分享	https://scratch.mit.edu
Makey Makey	供使用者录制或创作音乐	http://www.makeymakey.com
Snap Circuits	构建电路为电扇、电铃或收音机提供电力。其"绿色"工具包可以模拟太阳能和水力发电	http://www.snapcircuits.net
单片机	可连接电路板和传感器	https://www.arduino.cc
树莓派电脑	可以连接 Scratch 动画编程程序和学习编码等工具	https://www.raspberrypi.org/learning/teachers-classroom-guide
蜂鸟机器人	建造和编程移动机器人	http://www.hummingbirdkit.com
Sphero	可连接学习玩具，学生可通过编程移动玩具来学习数学知识	http://www.sphero.com
LittleBits	可发展设计思维和逻辑的电子积木	http://littlebits.cc

这些工具并不全是免费的，探索可用的资助来源，比如 Donors Choose（http://www.donorschoose.org）和 PledgeCents（https://www.pledgecents.com）。你可以在网站上发布你的项目想法，然后等待捐助者出现。你永远不知道谁会对你的项目感兴趣。

获取经费

你可以申请很多项目经费来快速启动你的项目。表 7-2 列出了一些你可以申请的经费，但是用谷歌简单搜索一下你能发现更多。一笔小小的经费就可能满足你在房间里建造灯泡实验室的需求，或者让你拥有所需的工具和材料。申报经费可能乍看起来很难，但是你一旦收集好了申请经费所需的基本信息，就可以使用同样的信息申请其他经费。一定要按照他们的模板和指示进行申请，但你的申请陈述可以用到很多其他申请中。

表 7-2 经费机会

经费来源	数额（美元）	主题
美国本田基金会（American Honda Foundation）	20 000~75 000	STEM
劳氏公司（Lowe's）	2 000~5 000	长久的项目
绘儿乐（Crayola）	5 000	艺术和创新
摩托罗拉（Motorola）	10 000~60 000	STEM
西屋电气公司（Westinghouse）	3 000	STEM
高通骁龙读书基金会（SnapDragon Book Foundation）	最多20 000	学校图书馆购买图书
麦卡锡德雷斯曼教育基金会（McCarthey Dressman Education Foundation）	最多10 000	"鼓励质疑的新战略"
华莱士基金会（Wallace Foundation）	30 000~1 000 00	STEM 教育
创新计划基金会（Innovating Worthy Projects Foundation）	1 000~10 000	创新项目
环保部门（Department of Environmental Protection）	3 000	STEM
雪弗龙（Chevron）	不限	STEM
东芝美国基金会（Toshiba American Foundation）	最多5 000	教师为学校进行的数学和科学课堂创新
嘉宝基金会（Grable Foundation）	不限	不限
班尼登基金会（Benedum Foundation）	不限	不限——重点是与西弗吉尼亚州合作

如果你刚开始，以下是一些步骤：

（1）搜索可申请的经费。一些经费的申请只对特定的地区、年级和组织开放。确保你在仔细阅读了要求之后再花很多时间准备申请。

（2）收集基本信息。大多数经费需要你的学校和学区的人口特征信息。你可能需要制作一个图或表来详细描述你的班级、学校和学区有多少学生，以及该区域的人口组成和经济状况。

（3）做预算。资助人想要清晰详细的计划，其中包括合理的预算。一定要写明你想要做什么以及怎么使用这笔钱。

（4）要能进行解释。你将如何衡量你所计划要做的事情的有效性？大多数资助会要求提供一个最终报告，报告包括用一些数据来证明项目得到了执行、你履行了承诺。

如果你没有马上拿到经费也不要气馁。一直尝试！你写的申请越多，你就越有可能得到经费。有时候你需要修改一下你最初的方案，然后再提交。一些资助人也会提供一些反馈。大多数机构会在他们的网站上列出以前的受资助者的信息。看一下之前获得经费的项目，这会给你一些灵感，检查一下自己的努力方向是否正确。

我的看法

当我回想起我的STEAM创造旅程时，我意识到有太多事情如果早点知道就好了。最重要的一点就是我们可能并不需要多么花哨的科技或者昂贵的组件来使孩子们参与到有意义的STEAM创客学习中来。并且，尽管资助非常有用（也很慷慨），但是我们如果没有资助也可以完成这项工作。在计划的过程中我

第七章 开始

总会想"哦，那个很酷，我们需要买"，或者"我在别的图书馆看见过那个，我们也需要一个"，但当真的踏踏实实去做的时候，项目的成功不是靠一些奇技淫巧，而是靠机遇、参与和思维改变。孩子们可以用硬纸板来设计东西，他们可以使用免费工具学习编程，教师们也可以不用去上昂贵的职业发展课程或者去很遥远的地方参加会议。

我个人的STEAM创客之旅更像是本书的各章标题。最开始，我被STEM和STEAM教育这一想法吸引，于是花时间去**学习**。这是在STEM流行起来之前，所以现存的很多资源在当时并不存在，但是我尽我所能去阅读。我发现了一些正式或非正式涉足STEM的地方并去和那里面的人交谈。我知道如果我想鼓励我的教师冒险尝试这个，那么我最好了解我要做的事情。

逐渐地，我开始**改变**对于教育的理念。我开始看到改变学习环境和教学方法的可能性。从那时起，我才开始与我的教师们分享这些新知识，以加强他们的理解，使他们能够跟上潮流，使我们的工作不落伍。

我**失败**了。在我们建立STEAM工作室的第一年，工作一塌糊涂。我没有找到我期望的老师，工作进展也不顺利。这些失败最重要的意义就是让我从中学到了很多，我尝试寻找解决方案。虽然失败的感觉并不好，但我知道，如果没有这些早期的坎坷，我就不会督促自己在个人或专业方面变得更好，也不会花费这么多时间和精力把这个倡议推动下去。

在接下来的几年里，我继续努力培养教师的领导力，强调他们在教室里要突出STEAM创客工作，尤其要展示出该工作与我们现有课程体系的联系。随着工作的深入，更多的关于克拉夫顿小学STEAM工作室的消息在我们的社区乃至整个地区传播开来。

我给州和当地刊物写文章，宣传我们的工作。我还鼓励教师们在教育会议上展示他们的工作。（阅读专家苏珊·科斯科在州和国家层次的会议中都展示过她的工作！）这些正面的宣传给了我们的项目更多力量，更多的教师开始加入其中，进一步扩大了我们的项目。我们的 STEAM 创客工作所得到的关注使我们得到了更多的资金支持，我们的项目取得了巨大的成功。

联结学习。联结真实世界，联结课程，联结职业。当学习与其他事情相联结时，就变得对学生更有意义。通过我们的工作，我们把 STEAM 教育的想法和创客运动联系在了一起，形成了一种新的学习模式——STEAM 创造。克拉夫顿小学的故事有望提供一种把 STEAM 创造带进学校的模式。我们的学生也创造了许许多多的联结：联结学习内容，联结全球的伙伴，联结校外所有的可能性。

从无到有**构建**些东西十分令人兴奋。有机会开发一个新项目虽然意味着巨大的责任，但也充满挑战和乐趣。就像这本书中谈到的学校，我很享受亲手进行构建的过程。我享受在午餐时间去 STEAM 工作室，喜欢和 5 年级的女生们一起搭建科乐思过山车，并和午餐伙伴们一起赚取热熔胶徽章。在活动中建立的联系是成功的关键。建立一个 STEAM 创客项目包含了许多部分——课后项目、午餐学习课程、专业发展和就业谈话等，这些都对课程体系的发展有重要意义。

当一个包含一群人和足够的资源的**网络**建立并朝着目标努力时，项目就能持续推进。我很幸运能成为重塑学习网络中的一员。有机会遇见其他有类似想法的学校领导十分鼓舞人心。与那些正式教育领域以外的人的谈话大大开阔了我的眼界，让我看到了把学习扩展到社区中的可能性。有那么多人在做着伟大的事情！我个人在推特上的学习网络也是新知识的重要来源，它让我确信了 STEAM 和创造对年轻人的重要性。

你如何**开始**？开始任何一个新的倡议都是一项挑战。一个 STEAM 创造项目可大可小，完全取决于你的意愿。几年前刚开始的时候，我也不知道从何做起，但是我知道一定要先干点什么。从小处着手，每年增加任务不失为一种好方法。我通过小的谈话和大的培训课程逐渐培养了教师们的干劲。我的每一步都是为了实现转变工作的大目标。开始 STEAM 创造是我做过的最正确的决定之一，虽然一开始有风险，但一切都是值得的。

那么，你的学校已经做好准备做出改变，并接受 STEAM 创造所带来的挑战了吗？对照表 7-3 中所列的准备清单，看看你的学校、学区或组织现在走到哪一步了。这个工具可以帮助你开始在学校的谈话并确认所需的领域。

表 7-3 准备清单

	探索阶段	发展阶段	已经建立
愿景			
我们的学校/社区/组织/项目采用专题式学习将 STEAM 各学科整合起来			
我们的学校/社区/组织/项目参与者将技术和虚拟空间学习整合起来			
领导力			
持续的专业发展为 STEAM 创造的教与学打下良好的能力基础			
已开发与 STEAM 创造相关的课程体系			
教职员工了解培养 21 世纪所需技能的重要性			

续表

	探索阶段	发展阶段	已经建立
社区			
与企业和社区建立伙伴关系，推动STEAM创造在校外的发展			
物理空间			
教室/学习空间的布置有利于项目的发展和开展协作			
指定区域放置STEAM创造所需材料和资源			
培训和发展			
教职员工有机会对学生的表现进行反馈，并在日常工作中实施新的举措			
学生定期利用社交媒体、Skype和博客等工具与校外人员进行交流合作			
学生有机会从事与STEAM创造相关的工作			

小　结

教育正在发生变化，从标准化转向创造性和创新。我们需要颠覆者——那些想要抓住机遇进行 STEAM 和创造之类的实践的人，因为他们会推动格局的发展，这种面向未来的格局正是我们希望学生拥有的。"我认为 STEAM 对大家很有意义。无论你叫它什么，它都使用同样的教学方法。STEAM 是相互关联的，它让学生去剖析问题。"（personal communication，January 2015），格雷格·贝尔如是说。这种方式对孩子们来说也很有意义。

现在是教育事业发展的关键时刻。我们既可以继续走以前的路，也可以开始一段新的关联学习之旅。威尔·理查森近期召开了一次会议，会上他强调大多数孩子并不想对在学校里学到的东西进行深入学习。虽然一些教育工作者可能会觉得受到了冒犯，但是我们不都是想要尽我们所能提供一份严密的课程安排并让学生参与进来吗？

也许我们可以问问我们的学生：

- 你想要学到什么？
- 你怎样表示你懂了？
- 我怎样才能帮助你？

我们决定怎么称呼它无关紧要。STEAM 或者 STEM-X，不同的人喜欢不同的叫法。卓有成效的学习诞生在 STEAM 和创造交汇的地方，不仅对学生，对老师也是如此。接受 STEAM 创造意味着改变你的思维和做法。我希望这本书能给你的起步提供足够的资源和动力。你准备好做一名 STEAM 创客了吗？

附录 A
STEAM 工作室徽章系统

木 工

129　木工加工中使用锤子、锯子、螺丝刀、钳子和夹子等工具。这些工具可以与木材、钉子、螺丝、胶水和其他材料一起使用，来制作模型和装置。

展示技能：

- 了解工具的名称和用途。
- 恰当使用工具：用锯子直线切割，小心地使用电钻，使用护目镜并保证人身安全。

Scratch

Scratch 可用于创建数字故事、游戏和动画。

展示技能：

- 创造一个"精灵"。
- 编程让精灵来回走动、转身和说话，或表现出其他动态和行动。
- 将背景和其他对象添加到场景中。

130　### 美工刀

美工可用于切割纸板或其他材料。

展示技能：

- 安全地打开和关上美工刀。
- 小心地切割。
- 更换刀片。

动　画

可以使用不同的工具来制作动画，包括 Movie Maker、PowToons 或其他网站。

展示技能：

- 移动图片。
- 制作一本翻页书。
- 创建场景。
- 添加声音。
- 使用定格动画创建故事。

缝　纫

用手工缝纫工具和缝纫机来制作东西。

展示技能：

- 手缝：穿针，打结，缝上一枚纽扣。
- 缝纫机：穿梭，更换缝纫路线，展示不同的针迹，完成一件作品。

热熔胶枪

热熔胶枪是一种手工工具，可以利用加热的胶水将物品粘在一起。

展示技能：

- 粘东西。
- 给枪重新装上胶水。
- 安全使用材料。
- 让枪冷却并清理干净。

焊　接

烙铁是一种手工工具，用于熔化焊料，使焊料流入两块金属之间

的连接处。

展示技能：

- 找一个安全的工作区域。
- 使用护目镜。
- 在合适的时间擦拭。
- 创建三个接头。
- 等待冷却。
- 清理。

附录 B
专业发展计划模板

132 　　第一阶段：简介

　　　　　　建议课程：STEAM 和创造入门

　　　　　　　　　　　培养思维习惯

　　　　　　　　　　　课堂中的设计思维

　　　第二阶段：技能培养

　　　　　　建议课程：定格动画

　　　　　　　　　　　Scratch 编程

　　　　　　　　　　　3-D 打印

　　　　　　　　　　　用手工工具制作和建造

　　　　　　　　　　　缝纫和纺织

　　　第三阶段：课程设置

　　　　　　建议课程：用儿童文学支持动手实践学习

　　　　　　　　　　　把 STEAM 教育融入课程内容中

　　　　　　　　　　　课堂游戏

　　　第四阶段：反思和评估

　　　　　　建议课程：徽章入门（数字徽章或实物徽章）

　　　　　　　　　　　制定规则评估学生的学习情况

　　　　　　　　　　　记录学生的学习情况

　　　　　　　　　　　用数字展示你所做工作

创客教育

附录 C
英语语言艺术扩展表

创客教育
在小学课堂培养创造力和创新能力

133 **英语语言艺术扩展表**

运用以下数字工具扩展故事或创造一个新结局： ● Scratch ● Movie Maker ● Powtoons ● Storyboard That	设计一个新玩具	制作一座可回收的艺术雕像
设计一项实验	为每个问题提供解决方案	创造一个3-D环境
建造一个物理模型	制作一个木偶、人偶或者娃娃	设计一款游戏（真人的或动画的）

附录 D
STEAM 创造许可书

敬启者：

  我，_____（校长/校领导），允许_____（老师）跳出条条框框，利用发散思维为学生设计具有挑战性和趣味性的指导。鼓励_____（老师）与他/她的同事合作，整合内容领域，追求 STEAM 创造在我们学校最好的应用。

  强烈支持。

              _____（签名）

附录 E
创客空间物品清单

135 **免费、可回收材料**

塑料	鸡蛋盒
别针	泡沫托盘
长尾夹	金属挂钩
冰棍棒	纱线
麦片盒	厕纸筒
螺纹针	坏的玩具
木块/木屑	贺卡
打包用具	墙纸
织物	

需购买的非贵重物品

纽扣	剪刀
乒乓球	胶带
钉板	毛毡
手工艺品（烟斗通条等）	橡皮筋
热熔胶枪和胶棒	串珠
纽扣电池	电线
LED 灯	护目镜

小电机 工具屉/置物箱
铜纽扣 剪线钳

需要经费的物件

手工工具（锤子、锯子、螺丝刀、钻头）

蜂鸟机器人套件 缝纫机

科乐思 Makey Makey

烙铁 乐高 Wedo/头脑风暴套件

附录 F
STEAM 和创造相关网站

136 创客空间

Assemble

http://assemblepgh.org

Hack Pittsburgh

http://www.hackpittsburgh.org

New York Hall of Science

http://www.nysci.org

Wanger Family Fab Lab at Museum of Science and Industry

http://www.msichicago.org/whats-here/fab-lab

TechShop

http://www.techshop.ws

The Exploratorium

http://www.exploratorium.edu

工程和设计

Engineering is Elementary

http://www.eie.org

Virginia Children's Engineering Council

http://www.childrensengineering.org

PBS Design Squad

http://pbskids.org/designsquad

Discover Engineering

http://www.discovere.org

The Kennedy Center Art's Edge

https://artsedge.kennedy-center.org/educators.aspx

科 学

The Buck Institute of Education

http://bie.org

My Science Box

http://www.mysciencebox.org

Extreme Science

http://www.extremescience.com

STEM Works

http://stem-works.com

Kids Do Ecology

http://kids.nceas.ucsb.edu/index.html

Kids Ahead

http://kidsahead.com

职 业

CanTeen

http://canteengirl.org

Career Aisle

http://knowitall.scetv.org/careeraisle/students/elementary/index.cfm

Engineer Girl

http://www.engineergirl.org

附录 G
学生反馈表

创客教育
在小学课堂培养创造力和创新能力

学生姓名：_____　　组名：_____

你创造了什么？

_____

它是用来做什么的？

_____

为什么决定创造这个？

_____

你的团队的优势是什么？

_____

下次你的团队会有什么改变？

_____

你为团队贡献了什么？

_____

你如何评价自己在任务中的表现？　　4　3　2　1

参考文献

Ash, K. (2012). Digital badges would represent students' skill acquisition: Initiatives seek to give students permanent online records for developing specific skills. *Education Week, 5*(3), 24–25. Retrieved from http://edweek.org/dd/articles/2012/06/13/03badges.h05.html.

Beckman, B. (2010). *Awakening the creative spirit: Bringing the arts to spiritual direction.* New York: Church Publishing.

Bevan, B., Petrich, M., & Wilkinson, K. (2015). Tinkering is serious play. *STEM for All, 4*(72), 28–33.

Bevins, S., Carter, K., Jones, V., Moye, J., & Ritz, J. (2012). The technology and engineering educator's role in producing a 21st century workforce. *Technology and Engineering Teacher, 72* (3), 8–12.

Carey, K. (2012). A future full of badges. *The Chronicles of Higher Education.* Retrieved from http://chronicle.com/article/A-Future-Full-of-Badges/131455/.

Catterall, J. (2002). The arts and the transfer of learning. In R. J. Deasy (Ed.), *Critical links: Learning in the arts and student academic and social development.* Washington, DC: Arts Education Partnership.

Cengage Learning. (2014). *What students say they need in order to become more engaged in class.* Retrieved from http://assets.cengage.com/pdf/mi_digital_transition.pdf.

The Conference Board, Inc., the Partnership for 21st Century Skills, Corporate Voices for Working Families, and the Society for Human Resource Management. (2006). *Are they really ready to work?* Retrieved from http://www.p21.org/storage/documents/FINAL_REPORT_PDF09-29-06.pdf.

Coon, R. (2012). *Pittsburgh: Forging a 21st Century Learning community.* Retrieved from Educause Review at http://er.educause.edu/articles/2012/11/pittsburgh-forging-a-21st-century-learning-community.

Costa, A., & Kallick, B. (2008). *Learning and leading with Habits of Mind: 16 essential characteristics for success.* Alexandria, VA: Association for Supervision and Curriculum Development.

Dail, W. (2013). On cultural polymathy: How visual thinking, culture, and community create a platform for progress. *The STEAM Journal, 1*(1), article 7.

Dearden, H. (2011). Touching wood. *TCE: The Chemical Engineer* (838), 22–23.

Dweck, C. (2006). *Mindset: The new psychology of success.* New York: Random House.

Dweck, C. (2014). *Carol Dweck: The power of believing that you can improve*, TED Ideas Worth Spreading. Retrieved from https://www.ted.com/talks/carol_dweck_the_power_of_believing_that_you_can_improve?language=en.

Eger, J. (2013) STEAM . . . Now! *The STEAM Journal* 1(1). Retrieved from http://scholarship.claremont.edy/steam/vol1/iss1/8.

Fleming, L. (2015). Worlds of making: Best practices for establishing a makerspace for your school. *Corwin Connected Educators Series*. Thousand Oaks, CA: Corwin.

Henriksen, D. (2014). Full STEAM ahead: Creativity in excellent STEM teaching practices. *The STEAM Journal*, 1(2), 1–8.

International Technology Education Association (ITEA/ITEEA). (2000). *The standards for technological literacy: Content for the study of technology*. Reston, VA: Author.

International Technology Education Association (ITEA/ITEEA). (2002). *The standards for technological literacy: Content for the study of technology*. Reston, VA: Author.

International Technology Education Association (ITEA/ITEEA). (2003). *Advancing excellence in technological literacy: Student assessment, professional development, and program standards*. Reston, VA: Author.

International Technology Education Association (ITEA/ITEEA). (2007). *The standards for technological literacy: Content for the study of technology*. Reston, VA: Author.

Kalil, T. (2015, July 8). Inspiring makers in Pittsburgh. [Web log post]. Retrieved from https://www.whitehouse.gov/blog/2015/07/08/inspiring-makers-pittsburgh.

Krigman, E. (2014). Gaining STEAM: Teaching science through art. *U.S. News & World Report*. Retrieved from http://www.usnews.com/news/stem-solutions/articles/2014/02/13/gaining-steam-teaching-science-though-art.

Lammi, M., & Becker, K. (2013). Engineering design thinking. *Journal of Technology Education*, 24(2), 55–77.

Landau, M., & Chisholm, D. (1995). The arrogance of optimism: Notes on failure-avoidance management. *Journal Of Contingencies & Crisis Management*, 3(2), 67.

Lasky, D., & Yoon, S. A. (2011). Making space for the act of making: Creativity in the engineering design classroom. *Science Educator*, 20(1), 34–43.

Lu, K. (2009). A study of engineering freshman regarding nanotechnology understanding. *Journal of STEM Education*, 10(1 & 2), 7–15.

Martinez, S. L., & Stager, G. (2013). *Invent to learn: Making, tinkering, and engineering in the classroom*. Torrance, CA: Constructing Modern Knowledge Press.

Mishra, P., Terry, C., Henrisken, D., & the Deep-Play Research Group (2013). Square peg, round hole, good engineering. *Tech Trends*, 57(2), 22–25.

Miller, A. (2014, May 20). *PBL and STEAM education: A natural fit*. Retrieved from http://www.edutopia.org/blog/pbl-and-steam-natural-fit-andrew-miller.

Morozov, E. (2014, January 13). Making it. *The New Yorker*. Retrieved from http://www.newyorker.com/magazine/2014/01/13/making-it-2.

National Academy of Engineering. (2010). *Standards for K–12 Engineering Education?* Washington, DC: The National Academies Press.

National Research Council. (2011). *Successful K–12 STEM education: Identifying effective approaches in science, technology, engineering, and mathematics*. Washington, DC: National Academies Press.

National Research Council. (2013). *Next Generation Science Standards: For states, by states*. Washington, DC: The National Academies Press. doi: 10.17226/18290.

Nordstrom, K., & Korpelainen, P. (2011) Creativity and inspiration for problem solving in engineering education. *Teaching in Higher Education*, 16(4), 439–450.

Partnership for 21st Century Skills. (n.d.) *Framework for 21st century learning*. Washington, DC: Author. Retrieved September 12, 2013 from http://www.p21.org/.

Pearson. (2014, February 6). *Designing your open digital badge ecosystem* [Webinar]. Hosted by *The Chronicle of Higher Education*.

Remake Learning. (2015). *Remake learning playbook*. Retrieved from http://remakelearning.org/playbook/.

Resnick, M., & Rosenbaum, E. (2013) Designing for tinkerability. In M. Honey & D. Kanter (Eds.), *Design, make, play: Growing the next generation of STEM innovators* (pp. 163–181). New York: Routledge.

Robinson, K. (2006). *Sir Ken Robinson: Do schools kill creativity?* TED Ideas Worth Spreading. Retrieved October 21, 2015 from https://www.ted.com/talks/ken_robinson_says_schools_kill_creativity?language=en.

Schulman, K. (2013, March 27). White House hangout: The Maker Movement. [Web log post]. Retrieved from https://www.whitehouse.gov/blog/2013/03/27/white-house-hangout-maker-movement.

Sheninger, E. (2014). *Digital leadership*. Thousand Oaks, CA: Corwin.

Shull, F. (2011). Protection from wishful thinking. *IEEE Software, 28*(4), 3–6.

Sousa, D. A., & Pilecki, T. (2013). *From STEM to STEAM: Using brain-compatible strategies to integrate the arts*. Thousand Oaks, CA: Corwin.

Stewart, L. (2014). Maker Movement reinvents education. *Newsweek*. Retrieved from http://www.newsweek.com/2014/09/19/maker-movement-reinvents-education-268739.html.

U.S. National Commission on Excellence in Education. (1983). *A nation at risk: The imperative for educational reform: A report to the Nation and the Secretary of Education, United States Department of Education*. Washington, DC: Author.

Zhao, Y. (2012). *World class learners: Educating creative and entrepreneurial students*. Thousand Oaks, CA: Corwin.

索 引

Abel-Palmieri, Lisa, 89, 91
Accessibility for all students, 54–57
Accountability pressures on schools, 4
Achieve (nonprofit organization), 17
Active Learning and Design Thinking Summit, 93
ActiVote systems, 67
Alex, Tracy, 74
Allegheny Intermediate Unit (AIU3), 111–113
Alle-Kiski Best Practices Collaborative, 98
American Association for the Advancement of Science (AAAS), 17
Animation, 130
Architecture, 80 (table), 111
Arduino, 97, 101, 121
Are They Really Ready to Work?, 5
Arts and Bots program, 96
Arts, integration into STEM, 7–8, 9–10
Assemble, 90, 105, 111
Assessments, 4–5, 16–17
 state required, at Crafton Elementary, 71, 74
 of students in STEAM Making, 54, 56–57
Autism, students with, 56–57
Avonworth Elementary School, 36–41, 116

Backyard design challenge, 72–73
Badging system, 57–58, 129–131
Balloon car, 53
Barbuto, Nina, 105, 111
Bayer Corporation, 66
Bee Bots, 100
Behr, Gregg, xii, 20, 126
Benedum Foundation, 68, 95, 115, 124
Bigler, Jessica, 74
Bird Brain Technologies, 96
Books, 79, 80 (table), 81–83 (table), 85
Boot camp, 38 (box), 39, 70, 73
Boswyck Farms, 102
Brahms, Lisa, 34

Brain, left- vs. right-, 8–9, 10
Brentwood Borough School District, 25 (box)
Bridge building, 61–62
Bright Agrotech, 102
Brown, Marc, 65
Buck Institute for Education (BIE), 16
Build, 88, 125
Burch, Amy, 24, 25 (box)

Calder, Alexander, 62, 71
Careers, 78, 137. *See also* Employment/employees
Carnegie Mellon University
 Center for Computational Thinking, 99
 CREATE Lab, 92, 96, 98
 Entertainment Technology Center (ETC), 95, 96
 robotics team, 90
Carnegie Science Center, 63, 77, 85, 98
Center for Arts and Education, West Liberty University, 114–116
Center for Creativity, 113
Center of Science and Industry (COSI), 65
Challenger Learning Center, Wheeling Jesuit (CLC@WJ), 41–42
Change, 23, 124
Change Cycle, 28–29
Change makers, 25
 district leaders, 23–24
 parents and community, 26–28
 principal leaders, 24–25
Chemistry class, 115
Chevron, 95, 124
Chicago, Summer of Learning, 58–59
Children's Engineering Educators, 50 (box)
Children's Innovation Project, 96
Children's literature, 79, 80 (table), 81–83 (table)
Children's Museum of Pittsburgh, 33–35, 37, 38 (box), 113
Cities of learning, 58–59

198

Coding
　books on, 80 (table)
　at Crafton Elementary, 74
　at Ellis School, 92
　at South Fayette, 100, 101 (photo)
Collaboration
　in Engineering Habits of Mind, 49–50
　in innovator's mindset, 51
　in technological literacy, 48
Collaboratory, at Ellis School, 91
Columbus, Summer of Learning, 59
Common Core State Standards (CCSS), 17, 19 (table), 74
Communication, in Engineering Habits of Mind, 50
Community
　groups and organizations in learning network, 105
　in leadership for change, 26–27
　on readiness checklist, 127
Computational thinking, 99–101
Connect, 61, 125
　to local experts, 120
Connect All Schools consortium, 65
Core areas, as dimension of NGSS, 18
Corwin Connected Educators Series, 11
Courageous thinkers, in innovator's mindset, 51
Crafternoons, at Assemble, 111
Crafton Elementary School, 26, 42, 62–85, 125
　grants, 63, 68
　networking, 112, 113
　Year 1, STEM integration, 63–66
　Year 2, STEAM Studio, 67–70
　Year 3, MAKESHOP® year, 70–75
　Year 4, STEAM Making, 76–85
CREATE Lab Arts & Bots Project, 116
Creativity, in Engineering Habits of Mind, 49
Crosscutting concepts, as dimension of NGSS, 18
Culture of experimentation, 120
Curriculum connections, 30, 39, 42, 62, 94, 125

Dallas, Summer of Learning, 59
Data usage in technological literacy, 48
Daugherty, Dale, 10
Deconstruction, 69, 108–109, 110
Design
　human-centered, 92
　phases of, 52
　websites for, 136–137
Design challenge, 14
Design thinking at Ellis School, 89

Dettling, Meghan, 72
Dewey, John, xi, 45
Digital badging, 58
Digital Leadership (Sheninger), 1
Digital Promise, 100
Disabilities, accessibility for students with, 54–57
Discomfort, in Change Cycle, 28
Discovery, in Change Cycle, 28
District leadership, 23–24
Divergent thinking, 8
DIY (do-it-yourself), 10, 71, 111
Dolphin Explorer, 112
Donations flier, 40 (table)
Donors Choose, 122
Doubt, in Change Cycle, 28
Drawbots, 88
Dream Factory, at Elizabeth Forward, 95
Dream Flight Adventures, 29, 30, 31
Dream flight simulator, 29–31
Dweck, Carol, 13

Eckert, Kara, 30–31
Educators. *See* Teachers
Edutopia, 15
Egyptian playground design project, 92
Electricity, books on, 80 (table)
Elizabeth Forward School District, 24, 94–97, 113
Ellis School, 88–93
Ellwood, Samantha, 34
ELMO cameras, 67
e-Missions, 42, 64
Emmanuel, Rahm, 58–59
Employment/employees
　careers, 78, 137
　integrated STEM learning, 7
　readiness to work, 5
Energy Lab, at Elizabeth Forward, 95–96
Engineering
　in elementary school curriculum, 47, 48–51
　girls in, 77
　traditional teaching, 6
　websites for, 50–51, 136–137
Engineering Habits of Mind, 49–51, 50 (box)
Engineering is Elementary (EIE), 47
Engineering Place, 51 (box)
English language arts extensions chart, 133
English language learners (ELL), 55–56
Entrepreneurship, 70, 85
Environmental Discovery Garden, 103
Environmental literacy, 101, 103
Ethics, attention to, in Engineering Habits of Mind, 50

199

Expanding Your Thinking, 22, 44, 60, 87, 104, 118
Experts, as STEAM Makers, 120

Fab Lab, 97
Facilitator
   questions for learning experiences, 37 (table)
   teachers as, 36, 76–77
Fail, 45, 125
Failure
   as component of persistence, 14
   environment allowing, 47
   importance of, 45, 46, 59
   and recovery in technological literacy, 48
Female Alliance for STEM Excellence (FASE), 77
Ficorilli, Josh, 71, 74, 78
First Energy, 98
fishertechnik, 68
Fish tank, 97
Fixed mindset, 13
Fleming, Laura, 11
Ford, Henry, 4
4C's, 1
Four Ps, 13–14, 19 (table)
From STEM to STEAM (Sousa & Pilecki), 8

Game Hack, 84
GarageBand, 32
Gardiner, Gary, 30
General contracting, 72–73
Genius Hour, 75
Gerstein, Jackie, 10
Giga Pan, 113, 115
Girls
   in engineering, 77
   robotics team at Ellis School, 90
   school. See Ellis School
Girls of Steel program, 90
Girls with Gadgets, 77
Global connections, 74, 112
Global Read Aloud, 74
GoldieBlox, 77
Google Hangout, 9
Grable Foundation, xii, 20, 68, 106, 108, 116, 124
Grants, 122–124
   at Crafton Elementary, 63, 68
   funding sources, 123–124 (table)
   at Kiski Intermediate, 98
Graphic design, 42
Growth mindset, 13, 89, 93
Grow Up Hydro Garden, 102
Gym class, 74

Habits of Mind, 46–47, 46 (table)
   Engineering, 49–51
Handwriting without Tears, 116
Harvard Business Review, 58
Henkes, Kevin, 74
Henriksen, D., 7–8
Higher education in network, 114–116
Hot glue gun, 131
Hour of Code, 74
How to Make a Magnificent Thing (Spires), 93
Hudson, Carla, 76
Human-centered design, 92
Hummingbird Robotics Kit, 92, 96, 111, 115, 116, 122
Hydroponic gardening, 101, 102 (box)

Ignite Creative Learning Studio, 70
IKS Titan space ship, 29–31, 52
Inclusivity of all students, 54–57
Incubator projects at South Fayette, 100
Innovation, 45
   innovator's mindset, 51, 52
   teachers at Crafton Elementary, 75
Innovation Fellows at Ellis School, 92–93
Innovation stations at Ellis School, 91
Integration
   of arts into STEM, 7–8, 9–10
   in Change Cycle, 28
   of STEM in Crafton Elementary School, 63–66
Interdisciplinary days, at Ellis School, 92
Interior design, 72–73
Invent-abling Kits, 90
Inventors, books on, 80 (table)
Invent to Learn (Martinez & Stager), 8
iPads, 68

Kaleidoscopes, 71
Karas, Lou, 114, 116
Kennedy, John F., 23
Keruskin, Todd, 96
Kids + Creativity Network, 106
Kids Gardening, 102
Kinect, 96
Kiski Area School District, 97–99
K'NEX, 67 (photo), 68, 70
Kosko, Susan, 74, 112, 125
Kostrick, Anna, 73, 75

Language, accessibility for students with challenges, 55
Leadership, on readiness checklist, 127
Learn, 4, 124
Learning disabilities, accessibility for students with, 55–56

索引

Learning ecosystem, 106–107
Learning network, 105
Lego Mindstorms, 32, 121
Legos, 68
Lego WeDo kits, 69, 100, 121
L'Engle, Madeline, 61
Lewis Long, Cathy, xi, 106
Libraries
   grassroots innovation in Millvale, 108–110
   in learning networks, 105
   as Makerspace in schools, 11, 94
Lichtman, Grant, 93
Light Bulb Lab, 74–75, 122
Lilly's Purple Plastic Purse (Henkes), 74
littleBits, 88, 103 (photo), 115, 122
Local experts, 120
LOGO programming, 92
Los Angeles, Summer of Learning, 59
Loss, in Change Cycle, 28

Mackey, Andrea, 71, 77
Magnificent things, 93
Make magazine, 10
Maker Boot Camp, 38 (box), 39, 70, 73
Maker Corps, 109
Maker Education Initiative (MEI), 10–11, 108–109
Maker Faire©, 10
   National in Washington, DC, 78
Maker Madness, 116, 117 (figure)
Maker Movement
   about, 10–11
   alignment with STEAM, xi, 9–10, 86, 111, 125
Maker Movement Roundtable, 5
Makerspaces
   in schools, 11, 94, 127
   supply list, 12, 135
   websites for. *See* Resources
MAKESHOP®
   at Avonworth Elementary, 37
   in Children's Museum of Pittsburgh, 34–35, 39
   at Crafton Elementary, 70–75
Makey Makey, 101, 102 (photo), 115, 121
Making
   educators' views on, 9–10, 71–72
   reasons of importance, 13 (box)
   in schools. *See* Schools and STEAM Making
   websites for, 136–137
Making Science Making Sense program, 66
Manchester Academic Charter School, 101
Manual laborers, 109
Marco Island, Florida, 112

Marinelli, Don, 95
Martinez, Sylvia, 8
Materials for making in schools, 12, 135
Math
   in backyard design challenge, 72
   books on, 80 (table)
   traditional teaching, 6
MAYA Design, 102
Mentoring program, 41, 90
Microwave deconstruction, 69
Middle grades, and STEAM Making at Elizabeth Forward, 95–96
Miller, Andrew, 15
Miller, Scott, 36–41, 116
Millvale Library, 108–110
Mindset, 13–15, 39
   innovator's, 51, 52
Minecraft online game, 56, 63, 74
Miniature golf, 78
Mobile Fab Lab, 97
Mobile maker carts, 11
Mobile MAKESHOP®, 35, 37, 70. *See also* MAKESHOP®
Models to show students, 71
Monaghan, Adrienne, 72, 73
Money
   funding sources, 122
   and leadership for change, 24
   technology purchases at Crafton Elementary, 67
   See also Grants
Morozov, Evgeny, 10
Mozilla Foundation, 58
Munsch, Robert, 65
Museums
   in learning networks, 105
   Museum of Science, Boston, 47
   Pittsburgh Children's Museum, 33–35, 37, 38 (box), 113
   Smithsonian National Air and Space Museum, 64
Music, GarageBand, 32

NASA Digital Online Learning Network, 64
National Academy of Engineering (NAE), 48, 50 (box)
National Research Council (NRC), 17, 48
National Science Foundation (NSF), 5
National Science Teachers Association (NSTA), 17
National Wildlife Foundation, 70
A Nation at Risk (1983), 5
Nelson Mandela Peace Park, 111
Network, 105, 126

201

New Milford High School, library makerspace, 11
Newsweek, 23
The New Yorker, 10
Next Generation Science Standards (NGSS), 17–20, 19 (table)

Obama, Barack, 4, 78
Ohio River Consortium, 116
Open Badges, 58
Optimism, in Engineering Habits of Mind, 49
Out-of-school (OOS) learning environments, 108
Outreach, 113–114

Parent flier of donations needed, sample, 40 (table)
Parents
  involvement at Avonworth Elementary School, 39
  involvement at Kiski Intermediate School, 97–98, 99
  leadership for change, 26–27
  as staff for making in schools, 12
Parry, Liz, 47, 49
Penn, Michael, 52
Pennsylvania Game Commission, 97
People
  as one of four Ps, 13, 19 (table)
  staff in schools, 12
Perkins Learning, 55
Permission slip, 74, 134
Persistence, as one of four Ps, 14, 19 (table)
Personalization, as one of four Ps, 13–14, 19 (table)
Physical badges, 58
Physical disabilities, accessibility for students with, 55–56
Physical space, for STEAM Making, 11, 94, 127
Pilecki, T., 8
Pinterest, 2
Pittsburgh, xi–xii
  Summer of Learning, 59
Pittsburgh Center for Creative Reuse, 90
Pittsburgh Children's Museum, 33–35, 37, 38 (box), 113
Pittsburgh Plate Glass Industries, 66
Plan for student engagement, 119–120
Play, as one of four Ps, 14, 19 (table)
PledgeCents, 122
Polycom unit, 64
Poppy (Avi), 92
Potato chip project, 91
Principal leadership, 24–25, 39

Problem solvers needed, 48
Professional development for teachers, 12
  at Crafton Elementary, 68, 71, 73, 76
  with teaching artist and boot camp, 39
  at West Liberty University, 115–116
Professional development plan, sample, 132
Programming
  books on, 80 (table)
  at Crafton Elementary, 69, 70 (photo)
  LOGO, at Ellis School, 92
Project-based learning, 15–16
Promethean Boards, 67

QR codes, 3
Questions to facilitate learning experiences, 37 (table)

Raspberry Pi, 97, 121
Readiness checklist, 127 (table)
Real world connections, 6, 17, 68–69, 72, 74, 125
Recovery from failure, 48
Recyclable materials, 71, 121, 135
Reflection
  in innovator's mindset, 51, 52
  sheet for students, 138
Remake Learning Network, 106, 113, 126
Research Institute Summit, 16
Resource development, 79, 80 (table), 81–83 (table), 85
Resources
  books by topic, 80 (table)
  children's literature and websites, 81–83 (table)
  references, 139–141
  tools to try, 121–122
  websites for STEAM Making, 2, 50–51, 136–137
  See also Supply list
Richardson, Will, 16, 126
Robert Morris University (RMU), 116–117
Robinson, Sir Ken, 20, 46
Robotics
  at Crafton Elementary, 66, 69
  at Ellis School, 90
  at Shaler Area Elementary, 32
  at South Fayette, 100–101
Robots, books on, 80 (table)
Rocco, Bart, 24, 94, 96
Rondinelli, Bille, 99
Roominate, 77
Rube Goldberg projects, 47, 62, 101

Sandbox, 96
Saturday crafternoons, 111
Schell Games, 7, 113–114

202

Schell, Jesse, 7, 73, 113–114
Schmoker, Mike, 105
School boards, leadership for change, 23
Schools and STEAM Making
　materials, 12, 135
　people, 12, 13, 19 (table)
　physical space, 11, 94, 127
Science
　traditional teaching, 6
　websites for, 137
Science, technology, engineering, and math (STEM). *See* STEM
Scientific and engineering practices, as dimension of NGSS, 18
Scratch, 39, 63, 100, 121, 129
Sea Rescue, 112
Sewing, 57, 130
Shaler Area Elementary School, 29–33, 52
Shark Tank, 77
Shelving unit for STEAM Studio, 78–79, 85
Sheninger, Eric, 1
Showcase of Learning, 65–66, 113
Simulators
　dream flight, 29–31
　space missions, 41–42
SketchUp, 78
Skype, connecting to global community, 112
SMALLab (Situated Multimedia Arts Learning Lab), 95
Smithsonian National Air and Space Museum, 64
Snap Circuits, 66 (photo), 68, 69, 70, 121
Social good philosophy, 102
Socrates, 88
Soft skills, 46
Soldering, 131
Sousa, D. A., 8
South Fayette School District, 99–103
Space, for STEAM Making, 11, 94, 127
Space mission simulations, 41–42
Special education students, 115
Special needs students, 54–57
Speech, accessibility for students with challenges, 55
Sphero, 122
Spires, Ashley, 93
The Sprout Fund, xi, 90, 106
Squishy Circuits, 69
Staff, in schools, 12, 13, 19 (table)
Stager, Gary, 8
Standardized assessments, 4–5, 16–17
　at Crafton Elementary, 71, 74
Standards
　Common Core State Standards (CCSS), 17, 19 (table), 74
　Next Generation Science Standards (NGSS), 17–20, 19 (table)
Start, 119
STEAM
　alignment with Maker movement, xi, 9–10, 86, 111, 125
　reasons of importance, 13 (box)
　websites for, 136–137
STEAM facilitators, 36, 37 (table), 76–77
The STEAM Journal, 7
STEAM Maker Learning Network, 105
STEAM Maker Starters, 33, 53, 84, 93, 110
STEAM Making
　basics in schools. *See* Schools and STEAM Making
　bridge building, 61–62
　correlated with NGSS and Common Core, 19 (table)
　fitting into school day, 94
　innovator's mindset, 51, 52
　local experts, 120
　teacher innovators, 75
　teachers views on, 9–10, 71–72
　teaching, 73–75
STEAM Showcase of Learning, 65–66, 113
STEAM Studio, 67–70, 76
　Badge System, 129–131
Steele Maley, Thomas, 93
STEM
　history of, 5–6
　integrated learning for employment, 7
　integration in Crafton Elementary School, 63–66
　at Kiski Intermediate School, 97–98
　shift to STEAM, 1, 9
　transformation in education, 1
STEM Education News, 7
STEM Excellence Pathway, 98
Stemisphere, 98
STEM-X in Ellis School, 88, 92
Step-by-step instructions, 71
Stewart, Louise, 23
Storage, in schools, 11–12, 78–79, 85
Student-centered learning, as personalization, 14
Student engagement, plan for, 119–120
Student recognition. *See* Badging system
Student reflection sheet, 138
Student response systems, 67–68
Summer camps, 32, 98
Summer of Learning, 58–59

203

Superintendents, leadership for change, 23
Supply list, 12, 135
Systems thinking, in Engineering Habits of Mind, 49

TEACCH model, 115
Teach Engineering Resources K-12, 50 (box)
Teachers
    Change Cycle, 28–29
    in change process, 27
    as facilitators, 36, 76–77
    as staff for making in schools, 12, 13
    turning control to students, 72–73
    views on STEAM Making, 9–10, 71–72
Teaching artists, 38, 70–71
Technology, traditional teaching of, 6
TED Talks
    Dweck, Carol, 13
    Robinson, Sir Ken, 20, 46
3-D printer, 85
Time for making, 40–41
Tinker and Take Apart, 110
Tinker Squads program, 89–90, 111
Tools to try, 121–122 (table)
Touch Math, 116
Training and development, on readiness checklist, 127
TransformEd, 113
Try it Checklist, 20, 21
T-shirt design, 42
Turtle Art, 92
Turtles, 71
21st Century Skills, 1

Twitter, 11
Twitter handles of change makers, 29

Understanding, in Change Cycle, 28
User Generated Education, 10
U.S. News & World Report, 5

Vex IQ Robotics, 100, 101 (photos)
Videoconferencing, 64–65
Virginia Children's Engineering Council, 51 (box)
Visionary students, in innovator's mindset, 51
Vision, on readiness checklist, 127

Washington, DC, Summer of Learning, 59
Weaver, Josh, 97–98
Websites for STEAM and Making. *See* Resources
Week of Making, 78–79
West Liberty University, 114–116
Wheeling Elementary, 116
Wheeling Jesuit University, 64
    Challenger Learning Center, 41–42
Wildlife Conservation Society, 64
Woodworking, 54, 129
World Class Learners (Zhao), 20
Worlds of Making (Fleming), 11

X-acto knife, 130

YouTube, Balloon Car, 53

Zhao, Yong, 20

STEAM Makers: Fostering Creativity and Innovation in the Elementary Classroom by Jacie Maslyk

Copyright © 2016 by Corwin

Simplified Chinese edition © 2020 by China Renmin University Press.

All Rights Reserved. No part of this book may be reproduced or utilized in any form or by any means, electronic or mechanical, including photocopying, recording, or by any information storage and retrieval system, without permission in writing from the publisher.

图书在版编目(CIP)数据

创客教育：在小学课堂培养创造力和创新能力/（美）杰西·马斯里克（Jacie Maslyk）著；祝莉丽，孙若菡译. --北京：中国人民大学出版社，2020.12
（教育新视野）
ISBN 978-7-300-28840-6

Ⅰ.①创… Ⅱ.①杰…②祝…③孙… Ⅲ.①课堂教学-教学研究-小学 Ⅳ.①G622.421

中国版本图书馆CIP数据核字（2020）第261144号

教育新视野
创客教育
在小学课堂培养创造力和创新能力
[美] 杰西·马斯里克（Jacie Maslyk） 著
祝莉丽 孙若菡 译
Chuangke Jiaoyu

出版发行	中国人民大学出版社		
社　　址	北京中关村大街31号	邮政编码	100080
电　　话	010-62511242（总编室）	010-62511770（质管部）	
	010-82501766（邮购部）	010-62514148（门市部）	
	010-62515195（发行公司）	010-62515275（盗版举报）	
网　　址	http://www.crup.com.cn		
经　　销	新华书店		
印　　刷	涿州市星河印刷有限公司		
规　　格	165 mm×230 mm　16开本	版　次	2020年12月第1版
印　　张	14 插页1	印　次	2020年12月第1次印刷
字　　数	173 000	定　价	56.00元

版权所有　侵权必究　印装差错　负责调换